心向未来，
活在当下。
梦想，
就在前方不远处。:)

考拉小巫

考拉小巫的留学成长日记

考拉小巫 著

写给在人生路上不曾停步的人

中国青年出版社
CHINA YOUTH PRESS

图书在版编目(CIP)数据

考拉小巫的留学成长日记：写给在人生路上不曾停步的人 / 考拉小巫著.
—北京：中国青年出版社，2014.7
ISBN 978-7-5153-2504-0

Ⅰ.①考… Ⅱ.①考… Ⅲ.①人生哲学–通俗读物 Ⅳ.①B821-49
中国版本图书馆CIP数据核字（2014）第130287号

考拉小巫的留学成长日记：
写给在人生路上不曾停步的人

作　　者：	考拉小巫
责任编辑：	肖　佳
美术编辑：	李　甦
出　　版：	中国青年出版社
发　　行：	北京中青文文化传媒有限公司
电　　话：	010-65511270/65516873
公司网址：	www.cyb.com.cn
购书网址：	zqwts.tmall.com　www.diyijie.com
制　　作：	中青文制作中心
印　　刷：	北京中科印刷有限公司
版　　次：	2014年8月第1版
印　　次：	2014年8月第1次印刷
开　　本：	880×1230　1/32
字　　数：	170千字
印　　张：	9
书　　号：	ISBN 978-7-5153-2504-0
定　　价：	36.00元

版权声明

未经出版人事先书面许可，对本出版物的任何部分不得以任何方式或途径复制或传播，包括但不限于复印、录制、录音，或通过任何数据库、在线信息、数字化产品或可检索的系统。

中青版图书，版权所有，盗版必究

谨以此书

献给长久以来支持我的读者们

以及

每一个在人生路上

为了梦想

而不曾停步的人

在追寻理想的道路上，我们一定会撞上很多墙，但这些墙不是为了阻挡我们，它们只是为了阻挡那些没有那么渴望理想的人们。这些墙是为了给我们一个机会，去证明我们究竟有多想得到那些东西。

——兰迪·鲍许

目 录

推荐序　一颗种子，一片森林·古典 / 009
推荐序　老友记·胖咸鱼 / 013

自序　017
在路上

第 1 章　021
临行

第 2 章　029
初到美国

美国是一片干面包 / 031
文化冲击初体验 / 040

第 3 章 051
我的奋斗

跌跌撞撞第一年 / 053

第一堂课 / 053

静下心来，活在当下 / 056

与时间赛跑的生活 / 060

社交恐惧与留学孤独 / 068

我在美国上法庭 / 073

一次失败的实习经历 / 079

感恩2009 / 083

◎ 小贴士 / 086
制订计划与执行计划之升级版

喜忧参半第二年 / 094

完美学年从计划开始 / 094

"女战士"养成记 / 097

再谈语言关 / 107

站在毕业的十字路口 / 117

◎ 小贴士 / 122
我在美国读社工

第4章 找工作历险记 131

我的核心竞争力是什么 / 133

求职博弈论 / 138

面试这关怎么闯 / 144

面试实录 / 149

又一次听到梦想成真的声音 / 154

◎ 小贴士 / 160

关于求职的三言两语

第5章 职场成长历练篇 165

入职二十四小时 / 167

初见客户的尴尬 / 173

向"外国人心理"说再见 / 179

先假装会做，直到你真的会做 / 186

工作和生活就像跷跷板 / 195

不忘初心，方得始终 / 198

生活是一盒巧克力 / 203

尾声 重新上路 / 215

目录

第 6 章　221
人在美国

　　我眼里的美国式教育 / 223

　　美国人的婚恋家庭观 / 234

　　哪里的月亮比较圆 / 240

　　我的成长感悟 / 242

　　　　关于适应 / 242

　　　　关于比较 / 249

　　　　关于包容 / 251

　　　　关于运气 / 257

　　我的迷惘，是去是留 / 260

后记　十年 / 265

附录　问与答 / 275

推荐序
Foreword

一颗种子，一片森林
新精英创始人 生涯规划师　古典

纪伯伦说："你永远无法同时拥有青春和关于青春的知识，因为青春忙于生计，没有余暇求识，而知识忙于追寻自我，无法享受青春。"

考拉小巫这本书，谈论的正是她关于青春的知识。正在经历的时候自然无法梳理，等到她真的经历过，回头整理时，这些故事就施施然流落下来——谈及她的海外求学经验，她的海外心理咨询经历，她初入职场的迷茫和成就，虽然故事发生在海外，却出奇地接近人心和地气，甚至还因为海外的背景，平添了几分传奇感和抽离感，更加让读者能读得新奇，又能把自己安心地放进去。

考拉小巫的第一份职业是在美国做心理咨询师。我有很多朋友在国外甚至已经拿到心理咨询医师资格，提到和老外做咨询还是挠头。语言关是其次，关于文化、法律、社区资源方面的差异才真的是天堑，比如你怎么给你的美国咨询师解释那个"奶奶我今年一定结婚给你看"的征婚网站广告?而考拉小巫做的还是社区咨询师,这意味着她有时还需要走入他们的生活空间,而不是在自己搭建出来的咨询室里。过程之难,可想而知。

所以,她也过得绝不舒服。她刚刚"展开会心的微笑",过会儿又要"尽力让自己的眼泪滚回眼眶";刚刚打算和客户共同庆贺疗程的成功,而下一秒又要经历"像是一个新兵,连如何拆枪装枪都还没有练熟,就已经要上战场"的手忙脚乱。

她的生活就如一辆过山车,你永远也不知道下一个弯是什么。但是,当把全书看完,你会忍不住梳理一下被风吹乱的发型,痛快地说一句:

Woohoo!好玩!!

那么这本书励志吗?

在我看起来,不太励志。

因为励志就像恋爱。

当你觉得自己很用力地爱的时候,你给出的爱是不纯粹的,因为爱不来自于意识,爱来自灵魂和生命。就好像《那些年我们一起追过的女孩》的故事,当我们进入真正的爱情时,我们并不知情。爱是自然流淌出来的。励志是不是也是这样?

读这本书的时候,我的眼神屡次跳过那些激励的、鸡血的、被标重的语句,却徘徊在很多细细碎碎的、小的故事和人物之上。在我看来,考拉小巫本人(虽然未曾谋面)自己并不鸡血,也不擅长给人打鸡血。在她的故事里，她只是简单地讲述一个真诚的自己进入陌生国度的生活，真实地记录自己刚刚进入职场的迷糊和成长。一个这样的人，热血天真，懵懵懂懂，磕磕碰碰，却依然还在向前走着，我觉得这才是真正的励志。

用书里面很喜欢的话结束吧。故事里考拉小巫的主管告诉她说：

"我们所做的工作，只是要往他们的心坎中播撒那颗渴望改变的种子。至于种子会不会发芽，那是他们自己的造化和期许。"

如果你心中有水，心中有希望，那么这颗种子，总有一天能在你的心里长出一片森林。

推荐序
Foreword

老友记

考拉小巫挚友　胖咸鱼

几天前的一个晚上,我收到了考拉小巫的微信:"胖咸鱼,你给我的新书写个序怎么样?"收到这条信息时,我的第一反应是:"我可以吗?我又不是名人,会有人看我写的序吗?"考拉小巫回复说:"这不重要,重要的是你是我最好的朋友。除了我妈我爸和乔希以外,数你最了解我。而且,这对我们的友谊会是一个非常有意义的纪念。"那一刻,我突然觉得很开心自己能有机会做这件事,因为无论是考拉小巫在书里记录的那些经历,还是她写书的全过程,我都在她身边见证了其中的一点一滴。更重要的是,我想通过这个序让大家看到我俩之间真实的互动。

大学毕业后分隔两地的这六年中,我和考拉小巫几乎保持着每周至少一次的联系频率。在我来到美国后,这个频率直接飙升到了每天至少一次,以至于我一直都在暗自担心自己会不会被乔希默默列为最想拉黑名单的榜首。平日里,我和考拉小巫在聊天时最真实的互动是：她总会见缝插针地"损"我，而我总会无奈地回应道"考拉小巫，你实在太'贱'了"，并把她封为当日"奇贱殿"的"殿长"。当然了，"贱"这个字绝不是人们平日里理解的字面意义，这只是我在被她"无情"埋汰后的"反抗"，以及基于对友情信任的一种无拘无束的玩笑。我想，正是因为这些看似过火的玩笑，才让我们二人的友情更接地气，因为没有哪对好友是可以整天只聊奋斗和人生的，即便那是我们友谊中很重要的一部分。

大学时因为郑老师而开启的一段友情，可以如此紧密地维持了十年，我想这是因为我们对共同想法和信念的坚持。我们都相信，只要努力就能改变人生，而人的一辈子实在太短暂了，一定要做些自己真心喜欢的事情，无论它在当下看起来有多难，无论别人告诉你它是如何的不可能。在这条路上，考拉小巫做得比我好得多。从刚来美国时被上课、实习和打工挤得满当当的日子，到工作后进入一个对外国人来说并不容易的领域——心理咨询，再到后来停下工作全心写书，每次只要是她决定做的事情，她都会立刻像豹子一样冲出去。写书的那段时间，她常常在电脑前一坐就是七八个小时，连午饭和晚饭都是在电脑前吃。

这些年看着周围人（我想尤其是我）的点点滴滴，考拉小巫说她意识到对于初到异国的留学生来说，如果能有人跟大家分享自己的经历，以及那些无论是从成功还是失败中得来的经验教训，都一定能给大家一些指引和帮助，这就是她用心写这本书的最大动力。成功申请出国并不是终点，而恰恰是人生中非常重要的一个起点。而对于那些考虑未来出国的人来说，这本书也可以让他们提前了解国外的生活，并更好地判断自己应该做出什么样的决定。

在写作的过程中，考拉小巫经常问我："你说对于那些一直支持我但并没有出国打算的读者来说，这本书会不会就没有意义了？"我作为本书的绝对第一读者（当然了，是因为乔希不懂中文，我才占了这个便宜），非常肯定地告诉她——完全不会。认识考拉小巫这么多年，我从她的人和她的书上学到的最重要的东西，并不是如何学英语、找工作或适应国外生活，而是一种精神——一种自我管理的精神，一种不将就、不凑合、精益求精对待每件事的精神。我想，这种精神无论放在哪里都是需要的，因为生活中的大部分时间里，我们身边并不会有老师去时刻监督你，所以只能学会依靠自己做好每件事。只有这样，随着日积月累，我们才能凭借实力——而不是运气——去为自己赢得更多机会。

当然了，考拉小巫同学在写书的过程中，也会像过去每次全力以赴做一件事时那样紧张。她总会在发给我文稿后的第二天问道："胖咸鱼，文稿你看了吗？我是不是写得特别差？"而我也会像过去无数次那样告诉她："你真的不知道自己有多强大。"在这第二本书里，我看到了她很大的进步。无论在语言上还是在思想上，我都觉得她又成熟了，可以用更为客观和包容的态度去看待和记录生活。

  认识考拉小巫的这些年里,我们不断和彼此分享自己所有的喜怒哀乐和遇到的问题,并为对方出谋划策。从最初成功申请出国,到最近走上TED的演讲舞台,在我的人生经历着一个又一个挑战的时候,有时真的不知道如果没有考拉小巫在身边,我是否能走到今天。我本来很想说"这真的是一本好书,值得大家花时间去读",但又觉得这听上去很像是打榜,而不单纯是好朋友之间对友谊的记录,于是决定就此打住。

  最后,希望考拉小巫同学可以不要"心机"地删掉这段序中我们之间生动的对话。哈哈哈哈,读者应该了解一个真实的你:爱看《康熙来了》,爱美食(尤其爱吃肉),酷爱各种电影(尤其是恐怖片),摇滚音乐迷,笑起来惊天地泣鬼神,并常常喜欢嘲笑一个比你干净却看起来有些邋遢的人(也就是我)。当然,除了这些以外,你还是一个有爱心、努力奋斗,并常给周围人带来满满正能量的人。

  考拉小巫,这个序算不算是我们友谊的真实写照呢——盲目欣赏加心机爆料,哈哈哈!

自序
Foreword

在路上

这是我和大家分享我的成长故事的第二本书。

选择用第一本书《考拉小巫的英语学习日记》中后记的题目,来命名这第二本书的序,是因为这本书延续了上本书的形式和风格,继续讲述了我去美国留学后生命中发生的故事,包括我如何适应异国生活,如何克服语言关,如何从校园过渡到社会,如何在美国找工作,工作后的经历,以及留美五年来的所思所想和成长感悟。

这本书,想要写给即将或梦想未来踏上留学之路的你。也许无数人都曾告诉过你在留学申请时该如何考取高分或申请到名校,但可能很少有人告诉过你,出国之后的生活是什么样的,以及该如何去面对。我虽然没有资格去"告诉"你如何面对,但我依然

自序

想和你分享我这一路上的经历、跌过的跟头,以及最后是如何重新站起来的。希望未来在你需要之时,我的故事可以给予你力量和方向。

这本书,同样写给所有正在为梦想而独自奋斗的留学生们。无论你是在为写不完的论文而发愁,还是在为毕业求职而彷徨,或是正在纠结如何克服语言关融入当地的圈子,我都希望把我的故事分享给你。对我个人来说,每当我对自己或未来产生疑惑时,我就会去书中寻找答案。书里那些有着相似经历或理想的人们,虽然也曾彷徨困惑过,但他们却从未停下前进的脚步。看到书里的他们,我就知道自己其实并不孤独。这,就是读书的力量。希望我的这本书也能带给你相似的力量和共鸣。

这本书,更想写给每一个即将或刚刚步入社会的年轻人,以及身处异地正在为梦想独自打拼的人们。每当我在不同的人生阶段之间转换过渡时,总会经历一段痛苦挣扎的转型期,要重新调整自己、找寻方向、设立目标,并重建生活圈。在那个当下,我没有哪一天不是徘徊在坚守和放弃的边缘,而只有咬牙挺到最后时,才会发现当初的付出和坚守都是值得的。因此,我想把我的故事和感悟分享给同样正在经历过渡和蜕变的你,希望这本书中的某句话可以点亮你的内心。

最重要的,这本书要写给每一个喜欢和支持我的读者。我的写作旅程源于我的新浪博客,而开通博客的最初目的也只是想把它当作一个自我激励和吐槽的大本营而已。说实话，我其实是一个很厌的人，一遇到困难就想打退堂鼓。每当这个时候，我就会偷偷地跑到博客去写一些自我激励的话，试图给自己加油打气。谁曾料想，曾经用来激励自己的那些话，后来竟然鼓励了一个又一个你，而你们的存在便成了我延绵不绝的精神动力。为此，我要由衷地感谢你们的存在和陪伴。这本书，便是我对你们长久以来支持的回馈。

说实话，在读书的时候，我并不喜欢听别人讲大道理，我只是喜欢静静地听故事，然后从故事中归纳总结出适用于我自己的内容。因此，在写书的时候，我也不想做一个空谈大道理或高喊励志口号的作者，我只想单纯地讲述一些发生在我身上的故事。希望通过阅读我的故事，你也可以自己去探索、归纳并总结出对你个人有益的心得感悟。

在这本书中，我陈述的所有故事都发生在我个人身上，那些有感而发也只是基于我在周围小环境里的观察所得。因此，一些内容可能并没有广泛适用性，请你在阅读时一定要批判性地吸收。不要企盼这本书可以彻底改变你的人生，因为那个改变应该，且只应该是你自己。如果这本书能成为推动你想要做出改变的因素之一，这就已经是我最大的荣幸了。

这本书终于得以问世，首先要感谢我的家人。在我辞去工作全职写书的日子里，老爸老妈不但没有责怪我，反而给予了我无

自序

限的支持、鼓励和灵感,为此我十分感恩。闭关写书期间,我的老公更是承担起了家里的所有重任,使我可以毫无后顾之忧,专心写作,为此我要深深地感谢他。

感谢我的挚友胖咸鱼。我想说,你我二人的友谊真的是建立在对彼此的盲目乐观和无限吹捧上的。每当我写到没信心的时候,你总是毫无理由地对我大加赞扬,有时我真的不知道你对我的这种信心是从哪儿来的。一直以来,我们就这样彼此欣赏着,鼓励着,帮对方指出问题,改掉缺点,不知不觉,我们的友谊已经走过了第十个年头。回首过往,感慨万千。

感谢本书的编辑肖佳,以及中国青年出版社参与此书制作的所有工作人员。谢谢你们欣赏我的文字,并尊重和珍惜这本书的价值。

最为重要的,我要感谢所有喜欢和支持我的读者们,没有你们的鼓励就没有这本书的诞生。感谢Sophie、张Universe、李大嘴、胡漂漂和我的老朋友人一,我十分怀念与你们每个人的邂逅,并期待未来我们能再次相见。

感谢每一位相信梦想,并愿意实践梦想的勇士。

是为序。

考拉小巫

2014年5月于美国密苏里州圣路易斯市

第 1 章
临 行

2009 年 1 月

对于未来，我只梦想最好的情况，并定下最踏实的计划，而绝不花时间在无谓的担心上，因为我知道，只要把我对自己的承诺付诸实践，我的未来将不会只是一个梦。

临行

此时此刻，我已经登上了即将飞往美国的航班。面前座椅靠背上的小屏幕闪着暗暗的光，上面赫然显示着"目的地美国"的字样。我盯着屏幕傻傻地看了很久，心里有种说不出的感觉。很久以前，我在心底深处埋下了出国留学的种子。为了这个梦想，我奋斗了无数个日夜，坚持过，放弃过，跌跌撞撞一路走到现在。整个过程中的一幕幕依稀感觉就像发生在昨天，而今天的我，竟然马上就要飞往地球的另一端了。一切都来得太快，让人猝不及防，不知所措。我静静地坐在座位上，脑海中不断闪现着过往生活中的画面。不同的场景一幕一幕地在我眼前飘过，像一部生动的电影正在上演。

三十分钟前，我独自一人在登机口前等待。我意识到从今天起，自己就要过上真正独立的生活了。十三个小时后，我即将抵

第一章

达一个完全陌生的国家，展开全新的生活。而对于那片土地，我却一无所知。

一个小时前，我忐忑地在安检处排着长队。放眼望去，冗长的蛇形队伍里几乎全都是学生模样的人。我和他们一样，从此便成了留学群体的一员。有史以来第一次经历这么复杂的安检，我全无经验，焦急地脱大衣，取手提电脑，搬行李，拿文件……终于顺利通过安检之后，又赶快手忙脚乱地收拢好所有行李，跑到大厅的一角重新整理。当所有的行李和文件重归原位后，我已是满身大汗。

三个小时前，我和妈妈爸爸一起来到首都机场第三航站楼办理登机手续。候机时，大家热络地聊着天，好像是因为知道未来一年都不能再聚，所以每个人都显得话特别多。谈话中，大家不约而同地避开了"离别"这个字眼，我更是谨慎地把这个敏感话题捧在手上，生怕它一不小心坠落在地，会把大家伤离别的心刺得支离破碎。

临近登机时，我们站在安检口彼此叮嘱了很久。我尽量控制住泪水，强装微笑地和父母一一道别。拥抱过后，我向他们使劲挥挥手，然后迅速转身离开。转身的那一刹那，泪水顷刻间洒满了整个脸颊，但我根本没敢回头多看一眼，独自一人拉着拉杆箱，向前方的未知快步走去。我心里暗暗地想，今天与家人的短暂分别，是为了追寻我的梦想，也是为了明日更好的团聚。我一定要好好奋斗，不让家人失望。

一个月前，我结束了所有的留学申请工作，开始焦急地等待对方大学的回信，企盼能被自己最钟爱的学校录取。终于，在初冬的一天里，梦想的种子竟然开花结果了，我幸运地被圣路易斯华盛顿大学录取了，攻读社会工作专业的硕士学位。当天从网上查询到录取结果后的复杂心情，直到今天回想起来都依然鲜活如初。

三个月前，我拼命地准备着留学申请的各种材料。个人陈述、写作样本、简历、推荐信、学业计划书……一个又一个任务压得我喘不过气来。我认真地撰写着每份文书，写了改，改了写，来回不知道折腾了多少遍。有时晚上做梦还会梦到自己淹没在一沓沓的厚重纸张中，完全无力从中逃脱。

半年前，我制伏了GRE。一年前，我拿下了托福。

一年半前，我来到北京上研究生。五年前，我的奋斗历程正式开始。

十年前，我正在上中学。那时，我不可救药地喜欢上了来自澳大利亚的动物考拉。我阅读了很多关于它的文章，收集了各式各样的考拉图片，还给自己起了"考拉小巫"这个网名。从那时起，我就立志将来一定要出国，好在有生之年去看一眼真正的活考拉。

回想到这里时，我扑哧一下笑出了声，原来我小时候的出国梦竟然是源自一个小动物。不过，因为那时的我没什么远大志向，所以出国这个概念在当时也仅仅只是一个白日梦而已。接下来的

第一章

很多年，我过得浑浑噩噩，直到在读大学时认识了郑老师和胖咸鱼，人生轨迹才被彻底改变。从那时起，出国便不再只是一个白日梦，它渐渐地变成了一个具体可行的计划。后来，个人兴趣和专业影响等多方面的力量激励着我在这条路上越走越远，最后终于看到了光明。

十年后的今天，我踏上了飞往美国的航班。曾经无数次的向往，今天终于要实现了。

可是，美国到底是什么样子的？美国人又是什么样子的？他们说话我能听懂吗？我说话他们能听懂吗？我去的学校又是什么样的？老师讲课我能跟得上吗？美国的同学们会喜欢我吗？我到底能不能适应那里的生活？在国外的一切都会顺利吗？这一走，可就真的没有退路了，我放弃了国内拥有的一切，去一片陌生的土地重头来过，这么做到底值得吗？去了那里以后，我会后悔吗？这个决定，真的正确吗？一系列乱七八糟的问题在我的脑海里挥之不去。当下的我既憧憬未来，又忧虑现实。兴奋、紧张、期待、忐忑、不舍、担忧、害怕……千丝万缕的感情紧紧地交织在一起，我坐在座椅上一动也不能动。

突然，飞机开始滑行了，机舱里响起了英文广播，提醒乘客进行起飞准备。我迅速从回忆的思绪中缓过神来，关闭手机，调好座椅，系好安全带。从狭窄的舷窗向外望去，飞机正在缓缓地滑行至起飞跑道。几分钟后，它开始沿着跑道越跑越快，引擎的轰鸣声越来越大,我的双手不由自主地握紧了座椅扶手,心咚咚地猛烈跳着。我看到机场航站楼迅速向后倒去,不到一分钟,我们已经飞翔在半空了。舷窗外,视野里的北京变得越来越小,越来越远,很快便消失在了视线中……

我闭上眼睛,深吸一口气。

祖国,再见。

美国,我来了。

第 2 章
初到美国

2009 年 1 月

只要我在这里存活一天,我就不能再畏首畏尾下去。我要大胆,我要泼辣,我要拿出许三多"不抛弃,不放弃"的精神。我不但要从这片土地上重新站起来,还要在这里生根、发芽、枝繁叶茂。

美国是一片干面包

在飞机上不知白天黑夜地度过了十三个小时后,当我的双脚再次踩到地面时,已经是美国时间的傍晚了。飞机降落后,同机的中国学生纷纷彼此道别,从芝加哥机场陆续转飞到美国的其他城市,这也是我最后一次在美国见到这么多张熟悉亲切的中国面孔。

当我终于顺利通过美国海关,找到下一趟航班的登机口时,已经精疲力竭。我找到一个靠角落的空位坐下,这时候才有时间从慌乱紧张的状态中抽身而出,好好感受一下身边的一切。抬起头环顾四周,正好看到对面墙上有一幅大型广告牌,上面赫然用英语写着"Welcome to Chicago"(欢迎来到芝加哥)的字样。我心里咯噔一下,心想:我现在竟然已经在美国了……

第二章

向四周看去，发现身边没有一个中国面孔，墙上连个中国字都找不到。从我身边走过的人们，一个个全都是高鼻梁大眼睛的外国人，各种肤色，各式样貌，高矮胖瘦，行色匆匆。我安静地坐在冰冷的座位上，试图用表面强装出来的沉着冷静来掩饰内心的忐忑。说实话，当时我坐在那里，根本不敢有任何大幅度的动作，那种感觉就像是一个外乡人初次来到一座陌生的大都市，生怕做出什么有违常规的事儿而惹上麻烦，所以只能本分行事。

看着眼前的一切，我开始回想，以往那么辛苦地背单词，拼命地准备申请材料，盼星星盼月亮，为的就是能有这么一天。现在，这一天竟然已经来到了！我用手摸着胸口，发现并没有心跳加速的感觉。梦想实现了，为什么我丝毫不感到开心和兴奋呢？不但没有觉得开心和兴奋，当我看到眼前一张张陌生的面孔时，心里反而感到有些排斥和失落。总之，梦想成真的感觉和我起初想象的一点儿都不一样。谁能想到，刚刚降落在美国的我，连身下所坐的长椅都还没有焐热，就已经开始盘算着回家的一天了。

陷入沉思后，时间反而过得特别快，机场广播很快便通知我们开始登机了。于是，又经过了一个多小时的飞行后，我终于顺利抵达了目的地——密苏里州的圣路易斯市——我未来的第二故乡。

降落在圣路易斯时，时间已经接近午夜时分。几经周折，我终于安全到达了事先租好的公寓，拖着沉重的行李箱跄跄上楼，和新舍友匆匆做了自我介绍。因为极度疲劳和缺乏睡眠，我的大脑好像已经停止工作了。于是,连行李都顾不上收拾,简单洗漱后,我便在自己的新屋倒头就睡。

尽管前一晚已经累到了极致,但我还是在第二天的凌晨就自然醒了。睁眼一看,竟然才清晨五点多。本想倒头再睡,但却翻来覆去怎么也睡不着了。脑子稍微清醒后,我才意识到自己只是躺在一张干硬的床垫上。听着屋外的寒风呼啸,顿时情不自禁地想念起了我在中国的家,以及我卧室里温暖的软枕和暖和的鸭绒被。我环视了一下四周陌生的环境,心头顿时涌上了一股落寞。

躺了没多久后,肚子开始了叽里咕噜的抱怨,于是我强打着精神从床上爬起身来。冬日清晨的卫生间里冷极了,我从水龙头里接着冰凉的水洗脸刷牙,之后习惯性地走进厨房找东西吃。一打开冰箱,发现里面摆满了各种陌生的蔬菜、水果和剩饭,这才突然意识到这里没有任何一样东西是属于我的。于是,我赶快又把冰箱门关上了,百无聊赖地拖着懒散的脚步走回了卧室。

说是卧室,其实并不准确。为了节省生活费,我租住的是这间公寓的阳台。阳台间大约十五平方米左右,狭窄的空间里只摆了一张床和一个简易的床头柜,另外一边立着两个大行李箱和一个拉杆箱,其余所有零碎的东西都堆在地上。冬天的天亮得晚,早晨五点多的时候,从屋里向外望出去,漆黑一片,什么都看不清,只有我屋内的灯亮着,显得与周围的环境那么格格不入。

我无奈地坐在床边,心头沉沉的,一时之间不知道该做些什

第二章

么,那种手足无措的感觉现在回忆起来依然让人觉得有些惶恐。我给自己打气说,没关系,就当是"实战演习"了,我应该赶快把自己调整到"生存模式"才对。今天是我在美国的第一天,从今天起,我没有任何人可以依靠,一切只能靠自己。如果第一天就丧失斗志,那未来的两年还怎么撑下去呢?况且,这难道不是自己当初的选择吗?既然是自己的选择,一切后果就得由自己来承担,绝不能在关键时刻打退堂鼓。

想到这里,心里顿时多了几分勇气。我快速收拾好行李,找出自己事先兑换好的看起来依然觉得陌生的美元纸币,手拿地图,便出门去觅食了。由于前一晚从机场回宿舍时已是午夜时分,当时并没有仔细看清这座城市的模样,现在正好有机会去一睹她的芳容。这么一想,心里突然有一种莫名的期待和兴奋。

圣路易斯的冬日,寒风凛冽,直袭脊骨,即便身穿羽绒服,依然会觉得冷风像锋利的尖刀一样划过我浑身上下的每一寸肌肤。我独自一人步行了很远,认真打量着一路上经过的每栋公寓和每条街道。每经过一个路口或转过一个街角时,眼前看到的景象就使我内心的失落感又加重了一层。我所在的这条街道并不宽敞,街两旁的建筑普遍偏矮,放眼望去,好像最高的楼房也不超过四层。虽然每条街道都打扫得十分干净,但不知为什么却显得格外荒凉萧索。狭窄的双向二车道上,来来往往只有三五辆车的影子。街上的行人更是少得可怜,除了偶尔从我身边经过的遛狗人之外,就再也没有看到其他行人了。

总之，整条街给人的感觉，就像是一座被人废弃已久的古城一角。我的心头一凉，不禁纳闷：为什么真实的美国和好莱坞电影里演的完全不一样呢？根本没有高楼林立、车水马龙、门庭若市的感觉。总听网上的人们说，真实的美国其实是地地道道的"大农村"，难道我真的来到了传说中的"大农村"了吗？

我一边纳闷，一边疾走着想尽快找到一个能让我喂饱肚子的地方。虽然街两旁低矮的房檐下挤满了林林总总的商户，但可能因为是周日的关系，大多数商户此时都不开门。寻寻觅觅了很久之后，终于幸运地看到远处一家小店的玻璃上挂着"营业"的招牌。谢天谢地，终于有一家是开门的了！粗略地看了一眼店名，叫什么"圣路易斯面包公司"，心里顿时乐开了花。我特别爱吃面包，尤其喜欢老家甜点屋里卖的手工面包，既松软又可口，堪称人间美味。想到这里，我觉得全身都要融化了，于是迫不及待地推门而入。那一瞬间，我为自己选择了这家店来享用来美国之后的第一顿早餐而感到由衷地满足。

柜台后一个金发碧眼的美国帅哥接待了我。他亲切地问候我早安，我很不习惯地从嘴里挤出一句"Good Morning"。这是我来美国以后第一次和真实的美国人说英语，感觉既别扭又尴尬。帅哥问我想点些什么，我赶忙从包里拿出眼镜戴上，抬头朝墙上那张又大又长的英文菜单望去。天啊，这份菜单实在太古怪了，

第二章

冗长复杂尚且不说，里面布满了各种各样稀奇古怪的面包或菜式名字，很多单词都是我从未见过的（后来才知道很多菜式名字都源于法语或意大利语）。再看一眼价钱，我立刻倒吸了一口凉气：$5.99, $6.99, $7.99, $8.99……心里默默地把价格乘以八后（2009年初，美元兑换人民币的汇率是1∶8.2），发现这里的面包全都是天价。一个面包竟然就要四五十人民币，简直就是打劫！当即心里纠结成一团。

帅哥认真地看着我，礼貌地说："别着急，慢慢来。"我嘴里嘟囔着"我想点……嗯……请给我来一份……"，但脑子里却空空如也，根本不知道自己想点什么，能点什么。帅哥耐心地问："需要我给你一些建议吗？"我点头回应他，并感谢他的解围和推荐。于是，帅哥为我推荐了一款全店最受欢迎的早点套餐，我便一咬牙一跺脚用高价买下了它。

等餐的时候，我找了全店最靠角落的不起眼位置坐下，开始观察周围的人们。如果说店外寂静萧索的大街和我心里的美国形象相去甚远的话，那么眼前店内的环境倒是很符合我脑海里美国应有的样子。店内不规则地放置了大大小小很多张桌子，几乎每张桌旁都坐满了各式各样的美国人。有的在认真地吃早点，有的在边读报纸边品咖啡，左边一桌围坐了一群学生模样的人有说有笑，右边一桌的情侣正在彼此低声细语。

那个时候，我仿佛觉得自己变成了透明人。眼前没有一张熟悉的面孔，甚至连我习惯的黑头发搭配黑眼睛的长相也已经完全消失。耳朵里能听到并不熟悉的美国音乐，以及尚听不太懂的英文聊天。柜台里的一个服务员正在制作咖啡，一波又一波黑咖啡的味道跃过柜台，霸道地钻入我的鼻孔，刺鼻的味道迫使我打了一个喷嚏。那一刻我突然感觉到，自己根本不属于这里，稀薄的归属感顿时让我觉得无所适从。我第一次因为只身一人来到了一个完全陌生的国度而觉得自己如此疯狂。

突然，有人叫响了我的名字。赶快回过神来，原来是轮到我去取餐了。我心想，管他归属感不归属感呢，先填饱肚子再说。饿了这么久，饥饿肚皮的诉求终于要得到解决，顿时有种释然的感觉。我机械地从座位上弹起，三步并作两步来到柜台前。从服务员手上接过餐盘的时候，我着实愣了一下。餐盘的正中央放着一个圆形面包，面包中间已被掏空，里面盛放着某种热气腾腾的汤。旁边颤颤巍巍地立着一个三明治，毫不夸张地说，它是由一根牙签串起的两片面包和一片蔬菜叶子组成的。此外，餐盘上还躺着一个小苹果。我满腹疑虑地问服务员："这就是我点的全部早餐吗？"服务员笑着点了点头说："是的，希望你喜欢，祝你好胃口！"

我小心翼翼地端着餐盘回到了我的安全角落，坐稳后，便开始和早餐对看。曾经，我觉得吃西餐是一件既文艺又有品的事情，现在终于要在美国大陆吃一顿纯正的美式西餐了，心里却感觉怪

第二章

怪的。对这款已被掏空的面包欣赏许久过后，我毫不犹豫地大口咬了下去。可刚咬到一半，我就停顿了——这面包实在太硬了。那硬度，几乎让我笃定这块面包一定是在外面冻了一个晚上后刚被拿进屋的。既然咬不动，我便笨拙地拿着刀叉从不同角度进攻它，可最后还是以失败告终。

面包咬不动，那就直接趁热喝汤吧，至少这个汤是这一餐中唯一发热的物体，不能把它浪费了。可是，小尝了一口后，发现汤里过于浓重的奶酪味实在令我难以接受。面包咬不动，浓汤喝不惯，三明治至少应该是可以下咽的吧。可是，那三明治却是我这辈子吃过的最硬、最干、最无味的三明治了。在我尝试咬面包片的时候，它就在一瞬间粉碎了，碎渣掉了一桌子。无奈之下，我拿起盘中唯一能吃的那颗苹果，开始用力地啃了起来。

苹果很凉，凉在嘴里，冷在心里。我又一次抬起头环顾四周的人们，他们一个个看上去都那么开心，那么自信，谈笑风生，海阔天空。每个人都津津有味地享受着盘中的食物，显得是那么满足。而我呢，可怜巴巴饥寒交迫地坐在这个孤独的角落，傻傻地盯着一盘貌似丰盛、价格不菲，但却令我难以下咽的早饭。饿，整个苹果啃完了，我还是饿得发慌。我把三明治的面包片挑出来，蘸着浓汤强忍着怪味把它吃下。就在下咽面包片的那一刻，一滴眼泪莫名其妙地从眼眶中掉了出来。紧接着，一滴，又一滴……一滴滴眼泪打在我的脸上，生疼。现在想想，这真是一个既戏剧化又矫情的场面。就在那个瞬间,我第一次为我所做出的选择而感到后悔。

我一定是疯了吧。当初到底为什么要来美国?为什么要辛辛苦苦不远万里到这儿找罪受?现在好了,饿的时候吃不上热腾腾的排骨烩菜,闷的时候身边也没有好友可以倾诉。我自己一个人要在这里孤苦伶仃地度过未来的两年时间。这,简直就是天底下最无趣的黑色幽默。

吃完早饭,算着时差,我给国内的妈妈打了第一个电话。电话响了很久,正当我以为妈妈已经睡了便想挂断的时候,电话那头突然传来了一声温柔的"喂"。那一瞬间,我的眼泪又像决堤的洪水一样迸流出眼眶。泪里有想念、委屈、无奈、害怕,无数说不清道不明的复杂心绪纠缠在一起。我捂着嘴嘟囔出一句"妈,是我",生怕她听出来我在哭。妈妈连声问我是否已经安全到达,我手抹着眼泪,强装出笑意道:"到了到了,安全安全,一切都很顺利。这里……特别好,妈妈放心吧。等我安顿好以后就给你发照片,将来我一定带妈妈也来看一看。"

挂上电话后,我开始放声痛哭。

美国啊,你曾经是我心底深处的一个梦,可谁知道你其实只不过是一片咬不动嚼不烂的干涩面包片而已。

又一个辗转难眠的夜晚……

第二章

文化冲击初体验

第二天清晨天刚蒙蒙亮,我又莫名其妙地自然醒了,时差真是作弄人。照照镜子,眼袋大得惊人,疲惫与沧桑顺着昨晚痛哭时留下的泪痕在脸上肆意地生长着。战争还未打响,我就把自己摧残成这副德行,实在是出师不利。看着手机里的月历,里面的每一格都代表着一天。可是,我连今天要做什么都还不知道,接下来漫长的两年到底要怎么过啊?想着想着,瞬间有一种快要窒息的感觉。

正在床上发呆时,手机突然响了,把我从毫无意义的沉思中拽了回来。一看手机提醒,今天是周一,要去学校办理入学手续。天啊,这么大的事儿,差点儿被我忘了!顾不上给之前复杂的思绪做个了结,我便赶快强打精神收拾东西准备出发去学校。

从宿舍步行至校园的这条小路非常幽静,路两旁排满了一栋栋三层楼的民宅。因为这是通往学校的必经之路,所以能看到很多学生模样的人三两结伴着往学校方向走去。我跟随在他们身后,一个人在冷风中低头快步行走着。当时脑子里想的全部都是诸如"我该怎么办?我该怎么适应这里的生活?"之类的问题,感觉面前挡了一座很高的大山,却完全不知道该如何去征服它。

步行了大概二十多分钟后,眼前出现了一座过街天桥,很明显能看到天桥的那一面是直通校园的。看到这座天桥时,我心头突然产生了一种莫名的熟悉感。回想在国内上本科和研究生时,两个校园回宿舍的路上都有着模样相仿的天桥。那个时候,我每天也是像现在这样来往于天桥之上,一晃就过了将近六年的时间。我看着眼前这座陌生却熟悉的桥,心里思量着:在这样陌生的地方,竟然也可以遇到似曾相识的事物,真是幸运。

我突然想到,为什么一定要悲观地看待眼前发生的一切呢?食物吃不惯又怎么样?身边没熟人又怎么样?每年有千千万万的留学生离开祖国,去往世界各地,难道大家不都是这么过来的吗?既然大家都可以做到,我也一定能行。既来之,则安之。我要是被自己心中的恐惧击败,那岂不是不战自降的愚蠢做法?我不应该怀疑自己是否可以存活下来,而应该要问自己该怎么存活下来。人的意志力可以和小草相媲美,连一撮小草都能从岩石中顽强地生长出来,我要是连这样的困难都无法克服,岂不是连一棵草都不如?

就在那一秒钟,我的脑中突然产生了一个神奇的想法:我要把这一切当成一个游戏来玩。我,是游戏的主角。我所处的环境,是游戏的场景。我的目标,就是通过克服大大小小的困难来增加自己的经验值,最后去战胜终极老怪。这么一想,心里就不那么忐忑了,反而多了一些期待,期待遇到新鲜的人和事,期待自己能在这片陌生的大地上慢慢成长、成熟、壮大。**事实证明,当我用体验的心情去经历一件陌生的事,而不是以完成任务的心态去**

第二章

面对它时,往往能帮助我消除一些内心里的负面情绪。

各种各样的思绪吞云吐雾地在我的脑海里翻滚着,不知不觉,我已经来到了学校。我认真端详着校园里的每一座建筑,深深地被这整齐利落、带有欧式古典建筑风格的楼宇震撼了。虽然这些建筑物都不高,但精致镶嵌的石头墙面依然给人一种威严的感觉。从远处看上去,它们像极了欧洲十八世纪中叶的古堡,或是哈利·波特的魔法学校。

校园大极了,每幢楼都长得极其相似。我拿着地图找了很久,才终于找到了社会工作学院所在的那幢楼。虽然看上去并不高大,但进到楼里以后,我才发现它的内部像一个小型迷宫般错综复杂。眼看新生培训的时间就要到了,我却还是找不到指定的教室,急出了一头汗。很多次想鼓足勇气去询问别人,但每当对面的人快要和我擦肩而过时,我就又非常怯懦地扭头逃走了。最后实在没办法了,才胆怯地敲响了走廊尽头一间办公室的门。

小小的办公室里只坐着一位正在电脑前工作的女老师。我小声向她打招呼,介绍说自己是新生,来参加新生培训,却找不到指定的教室。她马上站起身来欢迎我,并给了我一个大大的拥抱,热情得让我措手不及。她先是口述了一遍路线,后来担心我会忘记,便把路线画在了一张纸上,之后还是不放心,就干脆放下手头的工作,亲自把我带到新生培训的教室门口。告别时,女老师还逗乐地安慰我说:"别担心,我在这儿工作十多年了,还是经常在楼里迷路呢。下次要是再迷路，一定要去找我，我的办公室就是走廊尽头的那一间。"她笑着向我挥挥手，扭身走掉了。她是我来美国后第一个主动帮助我的美国人，我却连她的名字都不知道。

走进新生培训的教室后，我惊呆了。教室并不大，一些零散的桌椅被临时摆放在一旁，只有教室正中央摆了一圈椅子。因为我来得有些晚，整个一圈几乎已经坐满，大概有十三四个人，清一色全都是美国女生。我纳闷地想，难道新生培训不就是老师站在台上讲一堆规章制度之类的，学生坐在台下听吗？这种围圈坐的座位摆放形式，明显就是要让大家之间进行互动，可我真的还没做好这个准备。

我蹑手蹑脚地走过去，迅速找一个座位赶快坐下。观察了一下，培训老师好像还没到，大家都只是在闲聊罢了。我暗自打量着身边的同学们，虽说是"同学"，但好像她们的年龄看上去相差很大，有的貌似和我同龄，有的好像已经三四十岁了。看着她们一对一对聊得那么投入，我有些怀疑她们是不是之前就彼此认识。

这是我有史以来第一次和一群美国人近距离地坐在一起，感觉特别别扭。大家都是金色或浅棕色的头发，只有我一个人留着一头乌黑的长发。大家都是雪白的皮肤，只有我一个人是黄种人。大家都说着极其流利的英文，谈笑间看上去是那么自信，只有我一个人默默地坐在一旁不作声响，显得格外突兀。我第一次意识到，虽然面前坐着一群外国人，但其实我才是这里唯一的"外国人"。

第二章

想到这里，突然感觉如坐针毡，尴尬异常，自卑感油然而生。

我也说不清当时为什么会有那种感觉，总之从那天起，这种挥之不去的自卑感就形影不离地跟了我很久。每当我对自己没把握，或感觉无法掌控当下局面的时候，这股可恶的自卑感就隐隐约约地涌上来，压得我喘不过气。当时就是这种感觉，想要逃离，但又无处可逃，只能硬着头皮僵在那里。我觉得自己应该找些事儿做才对，好让自己显得不要过于"与众不同"。于是，我若无其事地找出笔记本，在上面写写画画，摆出一副"我也很忙"的样子。

没过多久，一位中年女子轻盈地从门外走了进来。她个头偏矮，梳着精干的棕色短发，脸上挂着大大的微笑，热情洋溢地跟人们说了一句"欢迎大家"。原来，她就是我们的任课教授之一安娜，同时也是今天培训项目的负责人。听她介绍完后，我才确定，在我眼前的所有人都是2009年社会工作学院春季入学的新生们，她们也将会是我第一学期的同班同学。全部新生被分成两个小组参加培训，我所在的便是其中一组。

说实话，安娜一进门时，我全身紧绷的状态便得到了放松。我心想：她这一开口，至少也得讲一个小时吧，我只需要听着就可以了，只要她一讲完，我就可以赶快闪人了。没想到，短暂的介绍过后，安娜发话了："亲爱的同学们，我介绍完毕了，今天的培训活动正式开始。大家先轮流做一下自我介绍吧。"听到"自我介绍"这个字眼时，我那正飞舞在纸间的笔突然僵住了……

原来，真正尴尬的部分才刚刚开始……

还没等我反应过来，坐在安娜老师旁边的一位女生已经开口了。听着大家的自我介绍，我才发现，原来我的同学里既有哥伦比亚大学新闻学院毕业的牛人，曾在《纽约时报》担任资深编辑长达五年之久，又有同时握有社工学士学位、法律学士学位和哲学硕士学位的学霸，更有曾在贝尔法斯特参加过和平圣战的传奇式人物。每听完一个人的介绍，我的大脑就被震撼一次，但面前的她们在传递信息时，脸上却是一副云淡风轻宠辱不惊的样子。

无法逃避地，我内心的自卑感又无形地加重了一层。我仿佛感觉自己的左脑正在被这些牛气冲天的经历轮番轰炸着，右脑却不得不紧张兮兮地想着自己到底要如何介绍自己。眼看快轮到我了，我的脑子却还在放空。有那么一瞬间，我仿佛只能看到她们的嘴巴在飞速地动着，耳朵却什么都听不到，只能听到自己的心脏越跳越快，越跳越快，咚咚，咚咚……

突然，身旁的女生戳了我一下，我赶快回过神来，才发现大家的目光正齐刷刷地看着我——竟然已经轮到我了！我感觉自己的脸瞬间红到了耳根，双手紧紧地抠在一起，一脸茫然，不知所措。安娜老师微笑地看着我说："轮到你了。"我又想道歉，又想感谢，一时之间语无伦次。一个大大的深呼吸后，我把脑子里能想到的句子拼凑在一起，一口气说了出去。

"大家好，我来自中国，我的英文名字叫Joy。我的第一位英

第二章

文老师看我特别爱笑,总是很快乐,便为我取了这个名字。我是前天晚上刚到美国的,这是我第一次独自一人来到一个完全陌生的国家。我对这里的一切都还很不适应,比如食物、天气和语言。你们看,我现在完全是一副语无伦次的样子。"

说到这里,大家开始接二连三地为我鼓掌,并齐声说道"欢迎来到美国"。她们赞扬我说得好,并鼓励我继续说下去。我一边跟着她们紧张地假笑,一边迅速在脑海里搜寻其他值得一说的东西。

"说实话,我其实没有什么听上去很厉害的个人经历。来美国之前,我在中国读本科,学的是英语专业。即便如此,现在的我还是感觉在语言方面非常吃力,因为我从来没有用英语在全英文的环境中学习和生活过,但是我会努力适应的。之所以选择来美国攻读社会工作专业的硕士学位,主要是因为我希望未来所做的工作可以从真正意义上直接帮助到他人。不过,说实话,我之前并没有社会工作专业方面的教育或工作背景,因此对这个领域依然还很陌生。希望未来两年里可以多多学习,多多实践,向自己的梦想更近一步。很高兴认识大家!"

别看我在这里打下的是一串看似工整得体的句子,其实当时讲话的时候,我却是满脸通红、手心出汗、声音发抖、语无伦次……很多词组和句子都是颠三倒四翻来覆去,组织了很久才把想表达的意思将就着讲明白了。终于发言完毕后,千斤重担从肩头卸下,深深地松了一口气，这真的是我有史以来做过的最紧张的自我介绍。

自我介绍之后，安娜又带着大家做了很多帮助彼此熟悉对方和建立感情的游戏。全部培训结束后，已经是下午四五点钟了。我顺着原路独自步行回家的时候，天空已经开始飘雪了，一片一片的雪花无声无息地落在地上，小风吹起来，让人感觉格外地冷。回宿舍的路上，我又陷入了一阵沉思中。

你看，当你身处新环境时，每天的所见所闻全都是新的。无论一件事看上去有多么细微，它都足以震撼你的整个内心世界。回想刚才在教室里经历的一切，那可恶的自卑感又非常恰合时宜地跳出来向我示威了。我仿佛听到它在嘲笑我说：你看看，你现在的同学们都是真真正正的牛人，你和人家比起来，简直是渺小到可笑啊。

是啊，我太渺小了，我拿什么跟人家比呢？我既没有辉煌传奇的经历可以炫耀，又没有扎实可靠的实力可以抗衡，就连该如何用流利标准的英文表达心里最简单的想法都好像不会了。以前在国内读英语专业时，我曾自信地认为自己还算比较优秀，可到了美国后，却崩溃地发现这唯一令我引以为傲的东西也被撼动了。加之几天以来经历的文化冲击带给我的影响太大，梦想和现实之间瞬间产生了一种很夸张的落差，巨大的压力随之而来。

其实，那种压力在现在看来是很荒谬和可笑的，甚至觉得当时自己的反应显得有些矫情。但是，对于那时二十几岁完全没有见过世面的我来说，当时的那种相对压力却是那么真实，那么强大，每分每秒都压得我喘不过气来。我觉得自己的内心世界在被一点点颠覆，突然找不到任何理由可以让我自信地立足在这片陌生的大地上。

说实话，我曾经天真地以为自己能被美国名校录取是一件很了不起的事，以为结束了之前的留学考试和申请后，我就可以轻松快乐地去体验富有异国情调的生活了。谁曾想，一个结束通向另一个开始，自从我双脚踏上美国大陆后，之前的所有成就便全部归零了。我作为一个人所拥有的行为模式、认知体系、自尊心等一切都要被洗牌归位，从头来过。不但如此，我的生活里还多了语言和文化这两大障碍。心头的压力和紧迫感，可想而知。

越是这么想，压力就越大。正当我快要随着负面情绪的旋涡深陷下去的时候，突然回想起了妈妈爸爸在我临行前对我的一些叮嘱。我想到妈妈总给我讲的"小马过河"的道理，想到爸爸给我讲的"与己斗而不与人斗"的道理，这才突然意识到自己又莫名其妙地纠结在"我应该拿什么跟人家比"这种愚蠢的问题上了。

其实，目前问题的症结根本不在于自己与别人的比较，而在于自己该如何超越自己。如果用积极的思维去考虑问题的话，那么我目前所有的劣势其实都可以被转化为优势。比如，我本就是一个中国人，现在却用第二语言在一个陌生的国家生存，这是多大的进步。再比如，我本就是英语专业出身，现在却跨到社会工作专业来读硕士，这也是极大的进步。虽然我在很多方面都不如同班的美国同学，但纵向地和过去的自己比较的话，我真的已经进步很多了。如果每一个今天的我都能比昨天的我有所进步，那么哪怕这个进步只有一点点，长久积累下去的话，量变一定会带来质变，事情也一定会有所转机！

实际上，所有怨天尤人、顾影自怜、消极愤懑的负面情绪，都是对时间的浪费。虽然现在的处境很艰难，但只要能战胜困难生存下来，那么我就会变得更强大。我又回想起新东方老师很著名的那句话：当你觉得痛苦、艰难、郁闷、悲伤，想拿刀子插自己的时候，就说明你在走上坡路。现在的我，就是在走上坡路，因为我的人生正处在一个至关重要的转型期。我根本没有必要感到自卑，因为在这个陌生的国度，无论我做出怎样的突破，对我个人而言都会是史无前例的进步。尼采说得好，凡是不能杀死你的，都能让你更强大。**只要我在这里存活一天，我就不能再畏首畏尾下去。我要大胆，我要泼辣，我要拿出许三多"不抛弃，不放弃"的精神。我不但要从这片土地上重新站起来，还要在这里生根、发芽、枝繁叶茂。**

想到这儿，我裹紧脖子上的围巾，一步一个脚印扎实地迈在雪里。

当雪真正下起来之后，天气反倒不那么冷了。

明天，又是崭新的一天。

第3章
我的奋斗

2009年1月 — 2010年12月

每次你因为迷失而手足无措的时候，就应该先低头做好当下该做的事。要相信，生命中的每件大事小事，都是有意义的点滴。当每个点滴被一个不落地串联起来后，你才能看到整片地图的美。

跌跌撞撞第一年

第一堂课

正式开学前的晚上,我突然收到招生委员会发来的一封邮件,说这届新生里有另外一个女生也来自中国,并给我提供了她的联系方式。这个消息就像一株救命稻草,及时拯救了正在沼泽地里孤独挣扎的我。原来,之前新生培训时我们被分到了不同的组,所以才没有碰到彼此。第一次见到小艺是在新学期的第一堂课前,她当时正在教室门口等我,短头发,白皙皮肤,黑色镜框,干干净净的样子看上去十分清秀。看到她时,我迅速跑过去打招呼,两人热情地拥抱在一起,共同因为在陌生的地方找到同胞而欢呼。

走进教室后,我发现教室座位的摆放方式是U形的,即除黑

第三章

板的方向外,学生的座位沿教室的另外三面墙壁依次排开。显然,这种座位摆放形式有利于师生之间更直接的交流,但对于目前希望尽量减少互动频率的我来说,这简直就是一种酷刑。环视一圈后,我和小艺挑了靠墙角的两个座位并排坐下。

新学期的第一堂课,自然逃不掉让人两腋生汗的自我介绍。虽然这一直都是一件让我发怵的事,但经历了几天前的"预演"后,这次的状况稍微好一些了。听完了全班二十多人的自我介绍后,老师便给每人发放了这门课的教学大纲,这是一份十五页左右的文档。伴随着老师的讲解,我开始认真翻阅教学大纲。让我惊讶的是,这份大纲详尽地介绍了本学期这门课的所有授课内容,每周分别会讲什么,要达到怎样的教学目标,每周需要学生阅读哪些课外书,分别要交哪些课堂作业,以及每份作业的规定和评分标准。

必须得承认,已经在潜意识里习惯了应试教育和考分至上原则的我,当时的第一反应就是飞速翻到教学大纲里关于评分标准的部分,因为我迫不及待地想要知道到底如何才能在这门课上拿到高分。你看,当时刚到美国读书的我,依然还是改不了视考分如命的习惯。**谁能想到,未来两年里接受的美国教育,会彻底颠覆我的教育观。**

仔细阅读之后,我发现,这门课的满分也是一百分,只不过一百分的分值被非常平均地分配到了出勤率、平日课堂表现、每周个人单独作业、小组作业、期中论文及期末论文上。也就是说，平日不努力，只盼着期末临时抱佛脚便想拿高分的情况，在这里是不可能出现的。你必须在每节课上都积极发言，并对每份作业都非常用心，才能取得好成绩。

讲解完教学大纲后，老师便马不停蹄地开始了正式的授课过程。在讲授专业内容时，老师所说英文的语速之快、内容之多、用词之专业，着实给了我一个下马威。她总是热情洋溢地来一长串论述，然后若有所思地抛出一个深邃的问题，供大家讨论。在我还没把她之前的讲解咀嚼透彻，根本没时间去思考她的提问时，美国同学们就已经展开了激烈的讨论。每当我对某个同学的发言还一知半解时，就发现在座的很多人已经开始点头复议了。总之，可能是因为我还没有习惯美国老师的授课风格，或是因为我对课程内容非常陌生，又或是因为当时我的情绪有些紧张，半堂课下来，我只听懂了大概一半的内容。

下半段课程里，我决定变换听课策略。都说好记性不如烂笔头，我决定尝试把听到的东西尽量记下来，之后再利用课下时间温习。没想到，真正开始实施这套战略时，我才发现我的听说读写四种能力是完全无法兼容的。当我专注听课时，就没法用心记笔记，要是趁机记一段狂草，耳朵往往会错过很多其他的重要信息。发言就更不用提了，当我的耳朵接收到老师的信息，经过大脑分析思考后形成观点，再迅速组织一个稍能见人的英文句子，

第三章

准备鼓起勇气发言时,整场讨论早已进入到下一个话题了。下课时,我和同样是云里雾里的小艺面面相觑,除了自我介绍外,只有我们两个人在这堂课上没有发言。

我拖着疲惫的身子走出教室,整个人感到精疲力竭,像是打了一场持久战一样。虽然整堂课不到两小时,但还是因为不得不全心倾注其中而感到精神高度紧绷。我突然意识到,除了语言和文化以外,我在未来两年中要应对的另一场硬仗,就是学业。然而,对于该如何面对举步维艰的未来,我却依然手足无措,全无方向。

静下心来,活在当下

新学期的第一周,我已经忙得不亦乐乎。生活方面,购置家具,收拾宿舍,买菜,开通手机业务和银行账户等,各种杂七杂八的琐事占据了我所有的空余时间。学习方面,上了四门不同的课,经历了四次对自信心的严重摧残。我感觉自己的生活正经历着全面的崩塌——旧的生活回不去,新的生活不习惯。我找不到方向,找不到目标,整个人的状态都糟透了。和小艺探讨之后,我们决定一起去找本校的中国留学生请教经验。

又一次见到熟悉的面孔后,我犹如在黑暗的地道里找到了一盏指明方向的明灯,欢喜地手舞足蹈。我问学长自己到底该如何适应美国的环境,学长笑了笑说:"现在刚开学,暂时还没有作业要交,所以你才有闲工夫去担心这些问题。等再过几周彻底忙起来后,你就不会为'如何适应环境'这样的小事烦心了。"我连忙反驳道:"这可不是小事呀,要是无法适应环境,做什么事都没法安心。"学长耐心地安慰道:"不要担心,不要郁闷,等真正忙起来后,你自然就会明白了。"

握着这个模糊的答案,我近乎绝望地跑到另一个学姐那里请教经验,渴望她能给我传授一些只有过来人才知道的"秘诀"。没想到,学姐也安慰我说:"每个人最初都是一样的,慢慢就习惯了。"学姐和我分享说,她起初刚来的时候感到的是震惊,后来是疲惫,再后来是麻木,当一切快要结束时,才悄然发现自己已经强大了许多。临走时,学姐鼓励我说:**"无论发生什么,要努力静下心来,活在当下。"**

我捧着她给我的八字箴言,像找到宝一样。简单的八个字,却是如此铿锵有力,掷地有声。其实,静静想来,自从来到这里后,我仿佛一直都在抱怨,抱怨环境像大农村,抱怨食物糟糕难吃,抱怨老师讲话太快听不懂……除了抱怨和消极接受外,我是否主动做过什么去改变现状呢?没有。其实,要是积极思维,就会发现有很多事是我可以做的:不喜欢这里的环境,可以换种角度去欣赏异国文化的美;不喜欢冰冷的西餐,可以主动学做饭喂饱自己的中国胃;害怕听不懂课程,可以提前充分预习功课……我本可以做很多事去改变现状,但我却什么都没有做,只把宝贵的时间浪费在了无谓的抱怨上。

美国精神病学家库柏勒·罗斯曾提出,人类面对死亡时会经历五个心理阶段:否定、愤怒、协商、抑郁和接受。我对留学生活的适应仿佛也经历了这样一个过程。我在中国生根发芽,正当要枝繁叶茂之时,却被连根拔起,移植到了一片陌生的土壤中。起初,我否定了改变的需要,以为只要我行我素按部就班就可以了。但是,新环境中的温度不同,湿度不同,连周围的空气也变了味道。于是,我崩溃地发现旧有的思维和行为模式根本无法让我适应这个新环境。因此,我焦虑了,紧张了,愤怒了。可是,耍脾气闹情绪是无济于事的。我只能和自己协商,以为只要多给我一些时间,自然就会适应好。但是,无作为的消极接受显然力度不够大,直到跟学长学姐聊完后,我才飞跃到了接受的阶段。

其实,每个初到新环境的人都会经历这样一个蜕变和转型的过程。要想在异质的环境中生存下去,就必然得经历阵痛,只不过阵痛程度的大小因人而异罢了。人,也正是在经历了这样的阵痛后,才能慢慢变强大。

记得在开学时,院长说过这样一句令人印象深刻的话:**布朗学院(即社工学院)不希望她的学生为了拿A而机械地学习;相反,她希望每个学生都能热爱知识,体验文化,并从中真切地享受学习的快乐。**院长的话让我想到了自己出国的初衷:当时做此决定,就是想走出去感受别国的文化和生活，从而拓宽眼界，增添阅历，并在专业方面得到长足进步。可是，自从来了美国以后，我就迷失了，以为只有表现得比别人优秀才算是没有白来，因此我先是盲目地拿自己与他人比较，后又强求门门功课都拿高分，导致压力猛增。

院长的话把我敲醒了。多年来接受的教育让我误以为只有拿了高分才算是"好学生"，仿佛学习就是为了考试成绩，久而久之竟然忘记了学习的真正意义。我突然意识到，我应该找回自己对学习的兴趣，学会体验学习的快乐。我不能继续把自己封闭在宿舍里，整日愁眉苦脸地想着该如何写出一篇能得A的论文。相反，我应该走出去，去欣赏这里不同的文化和风土民情。毕竟，除了书本知识以外，一个人每天所做的事、所接触的人和所游览的地方，都是一种学习。社会，本身就是一间大课堂。

想清这些事情之后，我的心态发生了很大的变化。虽然说不上是彻底的改变，但和之前浮躁盲目的心情比起来，已经进步很多了。在未来的很长一段时间里，每当可恶的焦虑感或自卑感又出现时，我就会深吸一口气，告诉自己：静下心来，活在当下，享受过程，看淡结果。慢慢地，我明白了一个道理：**每次你因为迷失而手足无措的时候，就应该先低头做好当下该做的事。要相信，生命中的每件大事小事，都是有意义的点滴。当每个点滴被一个不落地串联起来后，你才能看到整片地图的美。**

第三章

与时间赛跑的生活

我所在的学校,社会工作专业硕士项目的全部学业是两年(通常情况下),实行的是学分制,即两年之内修满六十个学分即可毕业,不需要做毕业论文或答辩。起初,我因为不用写毕业论文这件事偷乐了很久,但学期进入中段后,我才意识到两年修六十学分是一件难度多大的事。

在与学院导师商量过后,我发现要想在两年内按时毕业,每年必须得上够三个学期的课,即春季学期、夏季学期和秋季学期都得上课,而且必须得尽早开始找实习。虽然研一大多数的课程都是基础课,只有在研二才会开始上专业课,但导师还是建议我尽早确定专业的下属方向,有助于未来选课和找实习。尽管如此,我还是决定在第一学期时,把适应生活和学业当成主要目标,暂时把选择专业下属方向的事往后放一放。谁知,后来就是因为没有及时确定专业下属方向,才白白浪费了基础实习的机会,这算是我的一个教训。

总之,跟导师谈完之后,我便全身心地投入到了第一学期紧张的学业中。来美国之前,我一直以为美国学生的学业是很轻松的。在很多美剧和电影中,我好像从没看到他们认真苦学的影子,相反,倒是经常看到他们开狂欢派对的样子。来了美国之后,我才发现这里的学业生活实在太疯狂了。开学大概一个月后,我彻底认识到了当时学长嘱托之辞的明智:当人真的忙起来后,果真是没有时间去担心"该如何适应环境"这种问题,因为我几乎把所有的时间和精力都花在了繁重的课业上。

起初,我觉得一学期只选四门课可能会浪费时间,毕竟每个星期才有四节课,心里总会隐隐地担心该如何有效利用大把的课余时间。后来我才发现这种担心实在是多余的,由于课业过于繁重,四门课已经足够人忙活的了。

阅读

基本上,每个老师都会在开学前为学生提供很长的阅读清单,上面全部都是本学期这门课上老师会讲到的内容,因此学生需要事先去买或借这些书籍。每门课的老师在每周上课之前,都会给学生预留阅读作业,这些阅读作业动辄就是某本书的四到九章,或第几十页到第几百页。

第一学期里,因为我没有经验,在这个问题上栽了很多跟头。起初,我以为这些书只是用来供学生参考的,心想就算不买书,上课也肯定能跟得上,大不了到时候再借也来得及。谁想,开学时发现每人面前都堆着一摞书,只有我面前空空如也,想从图书馆再借时,发现所有的书早就被借光了。后来终于把书弄到手时,很多次都没有按要求读完规定章节。每当我读不完或读不懂时,就会悲催地发现自己上课时完全没法参与课堂讨论。于是才渐渐发现,在美国,**有质量地完成阅读作业是上好一门课的基础要求**。

第三章

为了能认真负责地完成所有的阅读作业,以便上课跟得上大家的节奏,我先后做了很多不同的尝试。起初,我对每门课的所有阅读作业都一视同仁,毫无轻重主次地去阅读,但后来却发现在有限的时间内读完并读懂所有内容几乎是不可能的。我原本以为是语言障碍导致我阅读速度和理解能力低下,但向身边的同学请教过后,我才发现原来对于美国人来说,有质有量地完成全部阅读作业也是非常有难度的。于是,我便改变了策略,通过不断尝试慢慢形成了适合自己的阅读习惯。

说到我的阅读习惯,还要感谢当年曾让我憎恨无比的GRE考试。记得在复习GRE时,最让我头疼的部分就是阅读,因为GRE阅读是出了名的晦涩难懂。为了拿下这部分,我当时认真研读了《GRE阅读39+3全攻略》这本书。虽然时间过去已久,很多细节已无法记清,但我一直都牢记着书中提到的阅读一篇文章的高效方法,即:每篇文章的首尾段必读(即全文主旨段和总结段),每个自然段的首尾句必读(即全段主旨句和总结句),任何带有转折含义的句子必读,任何举例的内容要大致读懂(即论据),其他内容在时间有限的情况下即可酌情略读。

最初在学习这种阅读方法的时候,我只是单纯地为了应付考试,一心想着只要把这个变态的考试熬过去,以后就再也不用碰这么晦涩难懂的文章了。谁料,来到美国后,才发现老师们留的阅读作业几乎都是GRE阅读的难度。直到这个时候,我才意识到当时学会的阅读方法有多么实用。

论文

除了永远都读不完的成堆的阅读作业外，还有让人闻风丧胆谈虎色变的论文作业。在美国，很多专业的作业都以论文的形式存在。对他们来说，论文并不是一种只有在期末时才会碰到的东西，它像家常便饭一样充斥在各类专业各级学位的学习中。一般情况下，每门课几乎每周或每两周就有论文要交，那真是"三天一小论，五天一大论"。这种现象对于文科专业来说更甚，以至于我们亲切地把社工学院唤作"论文学院"。

通常情况下，要是单人撰写的小论文（即五到十页的论文）也还好说，多写一写也就习惯了。可要是遇到大论文（十页以上）或小组论文（即一组人一同撰写二十页以上的超大论文），就会是一种非常痛苦的经历，要么会纠结于灵感枯竭，要么会挣扎在团队协作上。

除了惊人的数量外，老师对每篇论文的质量也非常看重，从内容到格式，都有很严格的要求。内容方面，老师会在布置论文时给学生提供明确的写作大纲，并对论文的每个部分做出详细的要求，有时甚至会对论文的参考书目的数量提出要求。只要严格参照老师提出的写作内容要求，基本上都能合格地完成任务。格式方面，以前在国内时，只有撰写毕业论文时才会使用APA格式。可在美国写作业，每篇论文都要严格遵循APA格式，包括行间距、页边距、字体大小、参考书目等这些细节，稍微有违规定，就会被大大减分。关于英文论文的具体写法，我曾在《考拉小巫的英语学习日记》一书中第166页进行过详细的分享，这里就不再赘述了。

多元的授课形式

美国老师多元的授课形式也给我留下了深刻的印象。除了传统的"老师讲学生听"的形式外，教授们经常会在课上让大家进行小组讨论，有二人组、三人组、多人组等。因为班上只有我和小艺两个中国人，所以起初分组时，我俩总是互相绑在一起。后来，老师为了鼓励我们与其他同学多交流，就有意把我们分到不同的组里。和美国同学进行小组讨论是一件让我非常头疼的事，因为比起老师来，美国同学的语速更快、思维更跳跃，最初的很多时候我都完全跟不上他们的节奏。

除了小组讨论外，学生在课上经常被要求演讲，基本每门课只要做完一个大作业，学生就得以演讲的形式上台展示自己的成果。每次准备演讲时，我都会非常认真地把稿子写下来并背熟练，然后上台像个机器人一样机械地背一遍。刚开始的前两个学期，每当遇到演讲的场合，我都会紧张地发抖。直到有一次我看到身旁的美国同学也在紧张地发抖时，才意识到原来美国人也会害怕当众演讲，即便是用母语，这一有趣的发现反而让我变得不那么紧张了。后来，经过频繁的练习，我慢慢克服了对演讲的恐惧。虽然每次上台前的那一秒还是会非常紧张，但只要开口说起来后，就放松很多了。记得电影《我家买了动物园》中有句台词说：**有的时候，你越是逃避，心里就会越发焦虑，如果能拿出长达20秒钟的勇气去开始的话，就会发现其实它真的不像你想的那么难。**后来，这个"20秒勇气定律"在很多场合下都救了我。

此外，其他授课方式还包括角色扮演、实地考察、自制录像等。在最初不习惯这种多元授课方式的情况下，每一节课对我来说都非常困难，一节又一节的课仿佛是一个又一个的障碍物需要我去面对，去翻越。每上完一堂课，我都感觉像是经历了大脑风暴战一样精疲力竭。也正是因为每门课的难度都很大，我的所有课下时间几乎都花在了预习功课、写作业和复习功课上，很少会有所谓的"空余时间"。

三月份时，各种作业的截止日期都快到了。我每天奔波在教室、图书馆和宿舍之间，阅读、查资料、写论文，忙得不可开交。当时由于我还没有找到一种适合自己的做事节奏和规划，因此每天都把自己折腾得疲惫不堪，像个陀螺一样转个不停，熬夜写论文更是家常便饭。

一天上课时，我突然注意到身旁的美国同学面前放着一本日历似的笔记本。偷瞄过去，发现上面用各种颜色的笔做满了记录，花花绿绿的很好看。询问过后才知道，这个东西叫日程计划本（planner），在美国基本人手一本。同学告诉我，她不仅用日程计划本规划学业生活，比如上课时间、何时写论文、何时做项目、不同作业的截止日期等，还用它来规划生活，比如和朋友的约会日期、哪天去购物、何时为家人庆生等。她说，她会把所有行程用各种颜色的笔标在计划本上，这样一来，不管每周的任务再繁多，她总是能优雅地把生活规划得井井有条。

在她的推荐下，我飞速跑到超市买了一个日程计划本回来，像挖到宝一样开心。我用四种不同颜色的笔代表本学期选的四门课，将每门课所有作业的截止日期对应地标在了计划本上。此外，我还认真地标出计划写作业的时间段，以及各种琐碎的待办事项。就这样，三月、四月和五月里大部分的时间格，很快就被标注得满满当当了（见图3.1）。当我再次回看全部计划时，已对本学期所有要做的事情有了非常清晰的了解。

自从启用日程计划本以后，我便过上了与时间赛跑的生活。每天晚上，当我从计划本里查看第二天的待办事项时，都能清晰地知道明天需要完成哪些任务。于是，第二天一大早，我就会带着非常清晰的目标开始一天的生活，再也不会有不知所措或想要拖沓的感觉。

认知行为学里有一个非常经典的原理，是关于一个人的思想、情绪及行为三者之间相互作用关系的。简而言之，**当你的大脑产生一种积极思想时，你的情绪也会随之变得积极，从而产生积极的行为；相反，如果你大脑里的思想是消极的，那么你的情绪及行为也会相应变得消极。因此，要想改变一个人的行为，一定要

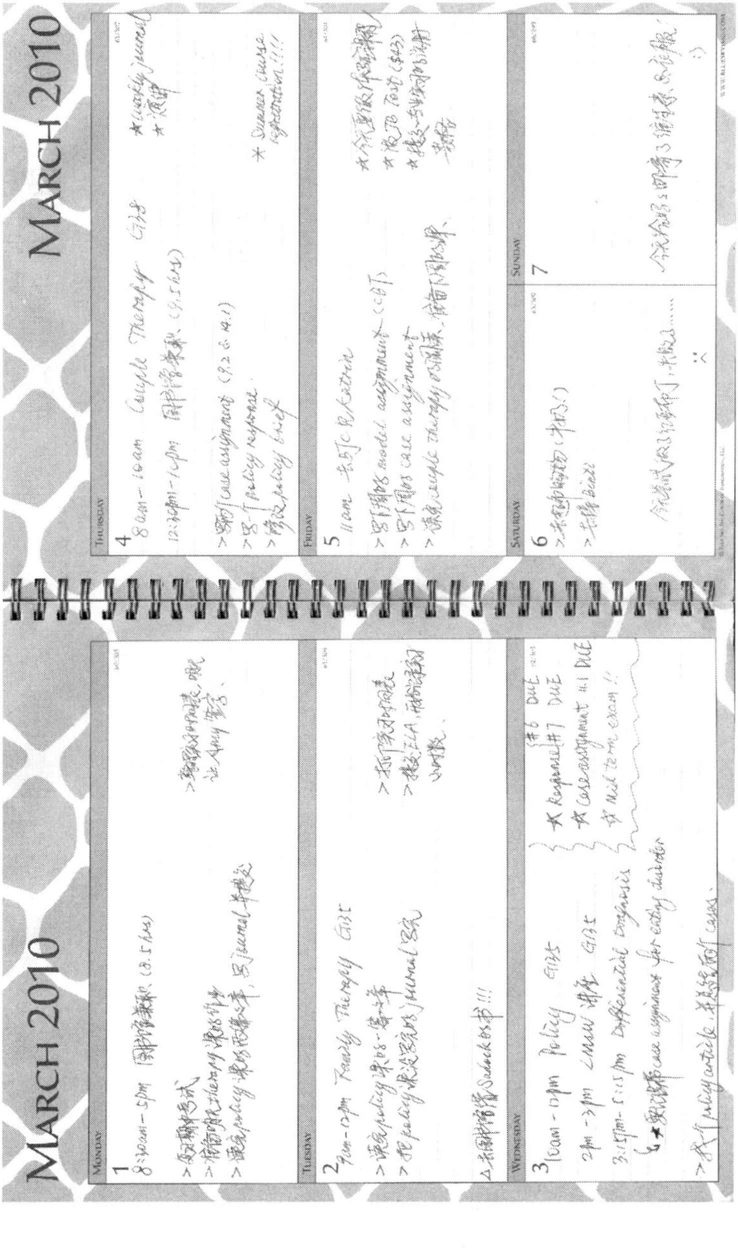

图3.1　2010年3月某一周的日程安排

第三章

从改变他的思想开始。

那段时间里,我就经历了这样一个思维转变的过程。起初,我在思想上是消极的,抱怨环境,否定现状,一系列的消极思维导致整个人的情绪十分消沉,因此我的行为就是把自己与外界隔离开来,尽可能地躲在宿舍,不去接触新事物,也懒得去直面学业。整个生活便成了一个恶性循环。当我从思维上转变观念之后,懂得积极地去面对问题时,情绪和行动也就随之变得乐观和积极了起来。加上日程计划本的帮助,生活开始慢慢变得更加规律,**积极的行为产生了积极的效果,这种效果更加坚定了之前积极的思维。因此,生活里就产生了一个良性循环。**

就这样,从三四月份开始,我感觉生活渐渐走上了正轨。人一忙起来的时候,果真是没有时间顾影自怜,也好像已经快要忘记对于"该如何适应环境"这个问题的顾虑了。虽然那时的我对身边的很多事依然是一知半解,虽然走到陌生的地方还会感到局促不安,虽然在金发碧眼的外国人面前还会觉得七上八下没有信心,但是我觉得眼前的一切困难不再像以前那样看不见摸不着,它们逐渐变得可以量化了。我突然觉得,只要我足够努力,眼前的一切早晚会随着时间的流逝而慢慢被我克服掉。

社交恐惧与留学孤独

当我觉得学业和生活都在慢慢走上正轨时,有件事依然还是在形影不离地纠缠着我——那就是我的社交恐惧症。

其实，我一直都是一个外向活泼开朗大方的人。我爱笑，爱聊天，无论是陌生人还是老朋友，我总能和他们热络很久。平日里，我也特别喜欢通过博客或微博等社交平台与外界沟通，绝不吝啬和大家分享自己的真实感受。可是，这样一个大大咧咧性格泼辣的我，在最初刚到美国的时候，却患上了严重的社交恐惧症。在华大读书的两年里，无论课上课下，我都会有意识地把自己武装成一个沉默寡言的人。如果遇到中国学生，我便会回归原本的自己，但在外国人面前，我就会立刻变身成重度社交恐惧症患者。

曾经有段时间，我最害怕的就是课间休息。每当看到身边的美国同学开始滔滔不绝时，我就总想找个地洞钻进去消失掉。要是身旁碰巧坐着一个也没在和其他人聊天的美国同学，我就会倍感焦虑，如坐针毡，战战兢兢，害怕他会主动和我搭话，因为我真的不知道该和对方说些什么。所以，每当这个时刻，我就会赶快低下头，假装做笔记或专心玩手机，或者干脆走出教室。总之，只要不和别人发生目光接触或言语交流，我才会觉得有安全感。有时为了延长这种安全感，我会长时间和中国学生打成一片，全然忘记自己正处在留学状态中。

我曾费尽全力想去克服这种心理，比如我会逼迫自己参加一些学院活动和互动工作坊，但每当处在当下的环境中，却又在心理上当了临阵脱逃的逃兵,总是不发一语草草了事。古怪的是,每次和院里其他的国际学生在一起用英语聊天时,我就能表现得非常好,但一回到美国人占多数的教室环境中,那种可恶的局促感和不自信就又回来了。

这种对社交的极度恐惧伴随了我整整两年之久,当初我完全不知道为什么会这样。直到在美国工作了以后,这个问题才得到了彻底解决(详见第五章)。现在回想起来,我觉得这种社交恐惧在一定程度上可能是由语言障碍导致的,但根源还是在于我的心态。在心态方面,我有时会假定别人对我没兴趣,无论我说什么,对方一定不会想继续聊下去。我也会假定对方肯定无法理解我说的英文,或可能会因为我犯的口语错误笑话或看不起我。我总是不自觉地把"我是一个中国学生"这件事深深地印刻在脑海里,并无限放大我与美国人之间的不同。每当我想到我们语言不通、文化不同时,就会感觉和对方完全没有共同点,根本无从聊起。

像我之前所说的思维、情绪和行为三者之间的关系,因为我的思维已经将自己束缚,所以每当和美国人在一起时,我的情绪就会自动变得焦虑不安,导致我在行为上自动变哑巴。当时经历着这一切的我,完全无法洞悉前因后果,只是一味地以为是因为自己不够优秀,所以久久由于自卑而裹足不前。现在回想起来,不敢张嘴的问题,在很大程度上是跟一个人的心态有关的,跟他的语言水平并不一定有正比关系。毕竟，那些操着更重口音、犯更多口语错误的印度、韩国和日本留学生，常年自信地和美国人沟通无障碍。总之，因为无法张嘴而导致的社交恐惧在很长一段时间里都困扰着我。

比社交恐惧杀伤力更大的，就是留学孤独症。害怕社交，我可以尽量躲避社交场合，但是无处不在如影随形的孤独感，却无时无刻不在侵蚀着我焦灼不安的内心。记得刚来美国时，一个周末的清晨，我独自一人去集贸市场买菜。正在专心挑菜时，一位美国大叔突然用蹩脚的中文对我说了一句"新年快乐"，我才突然意识到那天是大年三十儿，学习的忙碌竟然让我忘记了中国年。

一个人孤零零地走回家，坐在床上发呆。我在想，此时此刻如果是在国内的话，我可能早就和妈妈上街置办年货了，家里的冰箱也一定早已塞满了各式香甜可口的美食。国内的家人肯定已经在包饺子准备吃年夜饭了。我抬头向窗外望去，冷冷清清，万籁俱寂，街上连一抹中国红都看不到。

这是我在美国度过的第一个春节，我稀里糊涂地做了一锅热腾腾的蔬菜面，将就喂饱了自己的肚子。我独自一人坐在电脑前，想通过电影马拉松的方式克服过年思乡的情绪。但是，久而久之，你会发现这种情绪是很难克服的。虽然每天的生活真的很忙，虽然有时也会非常享受颇具异国情调的音乐、美食和文化，看到那些摆造型、拉提琴的街头艺人还是会觉得新鲜，但是，每当有一

第三章

秒钟的空隙时，心里还是会不由自主地感到落寞和孤独。这份落寞与孤独是无法与人分享的：和家人倾诉，害怕他们会担心；和国内的朋友吐槽，他们可能根本无法体会这种感觉。因此，很多时候，只能伫立望故乡，顾影凄自怜。

为了克服这种孤独感，我开始努力给自己找事儿做。我开始学习做饭，各种菜谱都敢硬着头皮去尝试。离家之前，我根本不会做饭，但久而久之，我竟然也可以烙烙饼、炖骨头、做蛋糕、煲浓汤了，虽然卖相不怎么样，但吃着自己做的饭还是觉得由衷的满足。我开始挤时间外出旅游，去周边城市搜寻美景，拍回来很多美美的照片供家人欣赏。但是，无论多繁忙，莫名的孤独感还是会无孔不入地钻进我的心里。暮色时分华灯初上之时，宿舍门前的德尔玛大街显得十分热闹，可周遭热络的时候，却也是我最感到孤独寂寞的时候。户外的热闹好像是在提醒我，它的盛世繁华不属于我，我也从不属于它。

记得当时在华大中国学生联合会组织的晚会上，有三位中国学长自弹自唱了他们自己创作的一首歌，叫《慢慢来》。歌曲本来意在形容男生找女朋友应当慢慢来，但处在当下的我，却仿佛觉得它唱出了应对新生活的一种态度：慢慢来。也许很多留学生都曾像我一样，被社交恐惧和留学孤独困扰着，而未来即将展开留学生活的人们也免不了会遇到同样的问题。当时的我毫无经验，丝毫不知该如何应对，因此为这个问题盲目困惑了很久。**要是可**

以时空穿越,我多想告诉当时的自己:别着急,慢慢来,心平气和地把它交由时间处理,因为时间是一切困惑的答案,最终所有的疑问都会随着时间的流逝自然而然得到化解。

我在美国上法庭

第一年的春季学期刚结束,夏季学期就已经马不停蹄地拉开了帷幕。之前,导师建议我尽快明确专业下属方向,好尽早开始找实习。于是,除了照常上课以外,我为夏季学期确定了两大目标:考驾照和找实习。

驾照在美国是最为重要的一个身份证件。拥有了驾照后,你不仅可以开车,更可以用它代替护照去乘飞机、租车、办理银行账户或申请信用卡。因此,对于国际学生来说,考到美国驾照将会极大地方便你的日常生活。其实,最初刚到美国时,为了省钱,我本来并不打算买车,曾一度想用自行车坚持完两年的留学生活。所以,我刚到美国时就买了一辆自行车,并因此闹出了很多笑话。

在美国,正常的公路上并没有专门的自行车车道,只有在规模较小的路两旁,才有一截极为狭窄的区域供自行车行驶。有的州可能会允许自行车在机动车车道行驶,但在大部分州这是违法的。第一次骑自行车上路时,我小心翼翼地在路旁狭窄的区域骑行,很多次差点被来往呼啸的汽车挂倒。本以为中国超市离宿舍很近,但这一去,竟花了半个多小时才骑到。到了超市后,我发现

第三章

偌大的停车场里竟然没有专门的自行车停放区域。确切地说,是根本连一辆自行车都看不到,全部都是汽车。无奈,我只好暂时把自行车停靠在超市门口的栏杆处。购物出来后,我惊恐地发现自行车不见了。原来,因为违规,经理把它存放到了超市后面的仓库里。连声道歉后,我取回了自行车,把超市购得的所有东西勉强地挂在车把两端,颤颤巍巍惊心动魄地原路返回。这一路,走走歇歇,竟花了近一个小时才骑回宿舍。到家以后,精疲力竭。

后来,我才知道在美国的大多数城市,拿自行车当交通工具是一件非常不现实的事。对于美国人来说,自行车更像是一种健身工具,平日总能看到他们身穿紧身运动衣,头戴头盔,身戴护膝护肘,矫健地蹬着自行车在专门的健身车道上飞驰。由于大多数美国城市面积辽阔,如果没有一辆汽车,根本是哪儿都去不了的,因此,考驾照和买车便成了我当下最重要的待办事项。

第一次路考时,我毫无意外地失败了。跟警官一打听,才明白是因为我在所有的停止标识处没有停够时间。"停止标识"(Stop Sign)是西方国家很独特的一个交通标识,专门设立在交通流量不大的小型十字路口。所有来往车辆到达这个标识处,必须减速并停止,之后再根据先后顺序一一前行。由于我对这个交通标识不够熟悉,路考时只是在此处减速滑行了过去,没有做到完全停止,因此警官给我扣了分。后来,我的学车教练反复强调说,将来无论我行驶在哪里,无论四周有没有车辆,无论是否有警察在监督,只要看到停止标志,必须做到完全停止,丝毫不得马虎。后来经过第二次尝试,我才顺利通过了路考,拿到了驾照。

这个教训让我领教了美国人遵守规则的严格性,在这方面他们丝毫没有"凑合"、"将就"或"侥幸"的心理。实际上,他们对规章制度遵守的严格性体现在生活的方方面面。比如,在地铁站或公车上,通常是没人检票的,但大多数人依然会规规矩矩地买票上车。为什么?因为美国社会建立在诚信的基础上,执法部门会假定每个人都是有信誉的,相信每个人都会自觉买票上车。但是,如果你抱着侥幸心理逃票,一旦在随机查票时被抓住,那么不但你辛苦建立起来的信誉会毁于一旦,还得交罚款、吃官司。更糟糕的是,以前你若是为了逃几块钱的票钱而被起诉的话,这件事很可能会在很多年后你申请信用卡、车贷或房贷的时候,产生可怕的蝴蝶效应。**因此,由于美国严格的执法力度,大多数人在遵守规章制度方面是十分自觉的,而美国社会崇尚的自由和平等,也是建立在对法律法规的尊重和服从之上的。**

虽然美国人的执法力度很严,但在很多事情上却也非常人性化。我想举我第一次在美国因为行车违规而上法庭的例子。夏季学期刚把驾照考到手后,我便从网上买了一辆二手车。一天晚上,我和舍友开车出去买东西,因为对当地路况不够熟悉,绕了几圈便晕头转向,随即便想掉头回家。当时正好行驶在一条大路上,

第三章

实在没地方掉头,我们便向左拐进了路旁的一条小巷。拐进去后才发现那个小巷是条单行道,开到尽头时,前方因为正在施工而把路堵死了。当时因为天很黑,四处找了半天也没看到其他出口。无奈,确定小巷里没有其他车辆后,我们便掉头从单行道里逆行开了出来。

岂料,刚从小巷出来,后面立刻跟上了一辆亮着红蓝交错警灯的警车,耳边同时传来了一阵刺耳的警笛声。说实话,当时我真的吓坏了,感觉血压一下冲到了头顶。警车在我后面咬得很紧,从后视镜里可以看到警察做着"靠边停车"的手势,于是我赶快乖乖从命了。当时,我感觉全身都要瘫痪了。这种只在电影里才会发生的桥段,竟然发生在了我身上,真是让人难以置信!

我从左侧视镜里目不转睛地盯着警察的一举一动。我看到他缓缓地下了车,摆弄了一下手中的对讲机,然后一步步向我的车走来。他每向前迈一步,我的心跳就加速一倍。当他完全站在我的车窗旁时,我紧张地已经汗流浃背呆若木鸡了,仿佛我的汽车后备箱里真的藏着一具新鲜的死尸似的。帅哥警察干练地给我开了一张二百美元的罚单,理由就是在单行道逆行。尽管我尝试向他解释单行道上的施工问题,他好像丝毫没有兴趣听。他弯下腰,趴在我的车窗旁对我说:"女士,如果您对我的执法不满意,随时可以上法庭和我辩论,为你自己伸张正义。"因为我知道自己在单行道上逆行是有原因的,而不是不懂交规或故意为之,所以对这位警官的判罚的确不服,便决定和他上法庭一辩高下。

曾有一个学姐告诉我,在美国生活,就像是拿到一张门票进动物园参观一样——只有把里面所有的动物都挨个看一遍,才能值回这个票价。起初,我觉得在美国上法庭实在是一件太疯狂的事情,可听了学姐形象的比喻后,我便决定把这件事当成是一种新鲜的体验,就当是去动物园观看毒蛇与美女共舞了。于是,我到网上搜索了很多在美国上法庭的流程经验帖,并认真练习辩护词,甚至还画了一幅图,准备到时候给法官展示当晚的路况。我把自己想象成一个为了正义而随时准备决斗的女战士,为开庭之日积蓄力量。

第一次开庭时,法院里的情形着实让我大吃一惊。我以为法庭内部会像电视里演的那样气势恢宏,庄严肃穆,却没想到我当天去的法庭只是一个面积不大的会议室而已。室内的一边已排满因交通罚单来上庭的形形色色的人们。另一边的台上,法官正襟危坐其中,旁边有两名记录员和一名检控官。经过漫长的等待,法官终于点了我的名字。我走上前去,法官开口问道:"你认罪吗?"我先是愣了一下,然后连忙摇头,连声说不。正当我要开口为自己辩护时,法官却示意我可以走了,说不认罪的人要约二次开庭时间,到时才需自我辩护。

几周后,终于迎来了二次开庭。听人们说,这次开庭,只要当时给我开罚单的那位警官不出庭,那么我就自动胜利了。为此,

第三章

我一直都在心中默默祈祷,希望开庭当天这位警官有公事在身,或是睡过了头,或是干脆忘了这码事。总之,希望他可以不要出庭。没想到,开庭当天,我刚刚迈进法院时,就看到法庭门口站了一群警察,全是为了各种罚单来出庭辩论的。搜寻了一圈,绝望地看到那位帅哥警察立在墙角,顿时感觉万念俱灰。

终于轮到我辩护时,我给法官看了我画的图,并详细给他解释当晚的路况。我告诉他,我并不是不知道单行道禁止逆行的交通规则,而是因为施工路堵而不得已为之。警察辩论说单行道尽头有口可以出去,不需要逆行拐回来。我继续辩论说,天黑行路难,我当时根本没看到什么出口。在这个细节上,我和该警官进行了好几轮的唇枪舌剑。最后见警官态度坚决,我只好诚实地向法官招认,说我作为一个外地人,的确对当地路况不够熟悉,然后反复道歉。当时,我真的以为自己输定了,心想:"这下完蛋了,法官和警察都是美国人,这是他们的地盘,法官当然会判美国人赢,怎么可能偏向我这个外国人呢?我真是飞蛾扑火自取灭亡啊……"

正当我觉得自己已经无力回天的时候,法官严肃的脸上突然露出了一个善意的微笑,他看着我认真地说道:"客观地说,你的确违规了。但是,你也有合乎情理的理由。那里的路况的确有些混乱,标识应该做得更清楚些才对,所以交通部也该负一定责任。因此,我决定把罚金从两百美元降至八十美元,同时把这个罚单从'行车违规罚单'改为'停车违规罚单'。祝你好运,一切平安!"听到这个判决,我彻底乐疯了!

在美国,行车违规罚单意味着你在车辆行驶过程中违反了交通规则。要是收到这类罚单,不但得交罚款,驾照会被扣分,连车辆保险也会跟着上涨,可谓代价惨重。但是,停车违规罚单的后果就轻多了,只需要缴纳罚款即可。因此,经过我的这场个人辩护,不但罚金大大降低了,连驾照分数和保险金额都不会受到任何影响,可谓是大获全胜!

在这次法庭大战后,美国人严格执法、秉公办案的态度让我刮目相看肃然起敬,他们极具人性化的办事风格也给我留下了极其深刻的印象。在那之后,无论我何时开车上路,都极为小心。交规是怎样的,我就怎样去执行,再也不敢抱着侥幸的心理耍小聪明了。

一次失败的实习经历

除了考驾照外,夏季学期里的另一个目标就是找实习。在我们学校,社会工作硕士阶段的学习包括九学分共计1080个小时的实习,其中又细分为基础实习和专业实习。虽然学院里为学生提供了很多圣路易斯当地机构的详细信息,但是具体去哪家机构实习、如何申请、学分如何分配等问题,全部都得由学生自己决定。

其实,美国大学的很多专业学习都是非常注重知识和实践的结合的，不仅学生希望通过实践来夯实自己所学的知识，老师也会要求和鼓励学生通过实践所得来完成课堂讨论和课下作业。美国的很多公司在招聘时，都会专门设立适合在校大学生的实习职位，主动为学生提供更多的实践机会。如果实习期间表现优秀，很多学生在毕业后都可能被雇主直接聘为全职员工。**因此在美国，实习是一件非常重要且严肃的事情，要是把握好了，将会大大提高毕业后找工作的成功率；要是把握不好，便会白白浪费大好的机会。**

按道理说，我本应在夏季学期就确定好自己的专业下属方向，这样我就可以通过基础实习和专业实习两次机会，好好实践在专业下属方向学到的东西。然而，当时的我依然处在一种一头雾水的状态中，加上拖延症泛滥，迟迟没有决定专业下属方向。直到身边的很多同学都已经确定了实习机构的时候，我才着急了。当时时间已晚，夏季学期已进入尾声，秋季学期马上就要开始。我根本顾不上确定专业下属方向，在目标不清晰的情况下就随便投出去了几份简历，全然不知自己即将要损失掉如此好的一个机会。

经过一番漫天撒网后，我终于拿到了一家机构的面试机会。这是一家超小型的非营利性机构，专门为小学生提供免费的课后项目。课后项目，顾名思义，就是在学生下午放学后、家长下班前的这段时间里，为孩子们提供一个休息和学习的环境。简单的面试后，我被录取了。虽然这份实习并不让我非常感兴趣，但由于当时时间已晚，我已经来不及再找其他实习了，因此在收到这唯一一份录取后，只能盲目上任了。同时，我还幸运地找到了一份在学校东亚图书馆的兼职工作。于是，秋季学期开始后，我的生活变得更加繁忙了，每天在教室、图书馆、实习机构和宿舍之间循环往复。

说实话，关于我在美国第一份实习的这段文字，我当初是写了又删，删了又写，改来改去，不知该如何下笔。我多想骄傲地和大家分享我在实习中学到的东西，多想告诉你们我到底取得了哪些进步。但是，我必须诚实地说，现在回想起来，我感觉自己没从这份基础实习中学到任何有用的东西。当然了，这是一家美国机构，机构的主管和客户都是美国人，所以我自然有机会体验和美国人在一起工作的感觉，语言能力也得到了一些锻炼。但是，从专业角度来讲，我感觉自己并没有收获很多日后可以使我受益的专业知识或能力。

我在这个实习机构做的工作相当简单——美其名曰，课堂行为管理，实际上，就是等学生到了机构后，我负责把他们带进教室来，给他们发零食和水。老师开始讲课后，我要陪在学生身旁，和他们一起画画，做游戏，帮他们解答问题。谁要是不听话，我就负责劝导或拉架。课程结束后，再把他们安全送到校车上。这个课后项目有一套自创的教材，每周五天给学生安排的活动都不同：有时会教小朋友们如何交朋友、如何增强自信心等，有时会教他们烹饪不同国家的菜肴，有时会教大家画画或瑜伽，有时会开读书会。因此,根据当天的课程安排,我的角色也会在老师、厨师、画家或瑜伽教练之间随机切换。

其实,这份实习本来很不错,因为它是专门为将来想担任小学心理咨询师的学生设立的。然而,正是因为我迟迟没有确定自己的专业下属方向,所以我根本不知道该如何利用这次机会。我既不知道自己到底打算从这份实习中学到什么,也不知道该如何把它与学校课程结合在一起。当时,我只是机械地想尽早完成小时数,从而早日毕业,所以完全没有把心思放在认真完成实习任务上。这样盲目的后果就是,两个学期下来,当我把基础实习的小时数全部做完后,除了学会了如何做瑜伽、炒印度咖喱饭,读了无数本英文小儿书,并可以和美国小孩用英语零障碍交流之外,专业方面好像并没有任何实质的进步。

从这个角度来讲,我觉得我在美国的第一次实习经历是失败的。以这样失败的经历,我遗憾地结束了研一全年的学习。如果让我重新来过的话,我一定会在开学初期就认真研究我所学专业的所有专业下属方向,多向教授、导师和学长们请教,了解不同的方向具体都学些什么,将来分别会有怎样的职业发展,从而尽早把专业方向确定下来,然后有的放矢地去找实习。不过,天底下没有后悔药,正是这次失败的经历才让我彻底认清了实习的重要性。后来再找专业实习时,我才格外用心,丝毫不敢马虎。

感恩2009

2009年这一年，仿佛是我生命中最漫长的一年，因为这一年里真的发生了很多事。年初时，我如愿以偿地踏上了美国大陆，开始在一个全新的世界用自己的双手打拼未来。这一年，我最大的成长就是变得更加独立了。在生活上，我学会了做饭，学会了开车，学会了如何独自在陌生环境中扎根立足。在学业上，我学会了如何更加合理地规划课业生活。翻开厚厚的日程计划本，里面标注着过去一年每个月里我完成的所有事情，虽然当下往往手忙脚乱，疲惫不堪，但自己在不经意间却收获了很多。渐渐地，我在读文献时不再那么吃力了，写论文时也更加游刃有余。无论是专业知识还是语言能力，都在不知不觉中慢慢地积累着，进步着。

这一年，我的视野拓宽了许多，也因此终于意识到之前的自己有多么像井底之蛙。来到美国后，我见到了形形色色的人们。他们有着不同颜色的头发与肤色，操着各式各样的语言和口音。他们每个人都来自不同的国家和文化，其乐融融相互尊重地生活在这个"大熔炉"里。起初，我很难接受这种文化的多元性，因为它和我一直以来习惯的东西太不相同了。后来我才慢慢意识到，**别人与自己不同，并不代表他古怪，更不代表他错误。他只是和自己不同而已。**天下各类文化艺术百花齐放百家争鸣，它们之间都是平等的。我不该狭隘地看待别国的文化和人民，而应该勇于接纳和欣赏与自己不同的事物，并去粗取精、有选择性地学习别人优秀的一面。只有这样，我才能变得更加包容，更加宽容。

这一年，因为一次失败的实习经历，我又一次意识到了规划人生的重要性。**俗话说，凡事预则立，不预则废。没有规划的人生像一团乱麻，有规划的人生才能活得清晰透彻，有方向感。**人生如此，学业也是如此。在这次失败的实习经历后，我开始认真地考虑专业下属方向。一直以来，我都很明确地知道未来我希望能和孩子或学生在一起工作，但却不是非常确定要在怎样的环境中。在一番调研、思考和采访后，我终于发现我的真正兴趣是在临床心理咨询方向。

幸运的是，华大的社工学院有非常多的专业下属方向可供学生选择。如果找不到自己喜欢的方向，你还可以创立个性化的方向来满足自己的求学兴趣。因此，2009年年末时，通过与导师长时间的商讨，我终于确定了专业下属方向——"儿童、青少年与家庭"和"精神健康"两个方向的结合。简而言之，我希望未来可以成为一名临床心理咨询师，服务患有精神或心理疾病的孩子、青少年及他们的家人。终于明确了未来的专业方向和职业道路，这可能是我2009年在专业方面取得的最大进步了。

除了这些进步外，在2009年里困惑我的问题也不少。这一年大多数的日子里，我心头的空白都被莫名的孤独感所占据。记得闾丘露薇在《我已出发》中曾写过这样一句话：一个人能够孤独地面对自己而不觉得寂寞，这是一种境界。至少在2009年时，我还尚未达到这种境界。我总感觉，每当我完成了一项任务或取得了重大进步，正要举杯庆祝时，孤独感就会像一个挥之不去的小恶魔跳出来，傲慢地挑衅道："有什么好庆祝的？你根本不属于这里。"每当这个时候，我就感觉自己像一个虔诚的登山者一样，好不容易攀至顶峰，正要放声歌唱，却被人突然拿掉了氧气瓶，一脚踹到山底，落寞的惨状可想而知。

如果你想在这里找到"如何面对孤独"或"如何找到归属感"的答案，很抱歉，我可能要让你失望了。2009年时的我，并没有找到这些答案。诚实地说，我是在美国生活和工作了近五年以后，才终于找到了自己想要的答案。

2009年年末时，我回了一次国。这是留学以来第一次回国，感慨万千。无论是街边的大树、巷口的小铺、门前打牌的大叔，还是以往闻不惯的臭豆腐，当这些无比熟悉的画面再次映入眼帘时，你才感觉故乡从未走远，她一直深藏在你的心里。和家人度过了无比短暂却充满了天伦之乐的二十天后，我又十分不舍地登上了回美国的航班。

2009年就在这依依不舍的离别中结束了。

这次一走，又是漫长的一年。

2010年，我又会有怎样的成长和感悟……

第三章

制订计划与执行计划之升级版

在美国读书的第一年里,我获得的最重要的一个软实力,就是如何制订与执行计划。"万事预则立,不预则废"这句话是世间的大真理。只要列出合理的计划,并以不让自己羞愧的行动力跟上,那么任何合理的目标都一定能被实现。如果你有诸如"几个月后要考某个试,我该怎么复习"、"我打算出国,现在应该做哪些准备"、"我该如何找到一份好工作"等问题,请一定认真阅读这则小贴士。

制订计划

步骤

制订计划的具体步骤是:(1)明确你的目标;(2)明确你想/能花多少时间完成这个目标;(3)明确为了达到这个目标,你分别需要做哪几件事(即**分目标**);(4)用时间除以分目标的数量,明确你分别有多少时间去完成每个分目标(时间的分布可根据分目标的难易度进行相应调整)。

举个例子:(1)目标:申请出国;(2)期限:一年;(3)分目标:考GRE,考托福/雅思,写个人陈述,写简历,准备成绩单,准备推荐信等;(4)根据分目标的难易度,将一年时间分配到所有分目标上。比如一周搞定简历，一周搞定成绩单和推荐信，两个月写好个人陈述，三个半月拿下托福/雅思，半年拿下GRE等（这个时间范畴只是举例而已，请根据个人情况进行调整）。

列好分目标后，下一步就是把每个分目标进一步细分为**小分目标**。为分目标制订计划的具体步骤同上。再举个例子：（1）分目标：考GRE；（2）期限：半年；（3）小分目标：作文、语文和数学；（4）根据每个小分目标的难易度，将半年时间分配其中。例如，半个月复习数学，两个月复习作文，两个半月复习语文，一个月进行模考等等（这个时间范畴只是举例而已，请根据个人情况进行调整）。

以此类推，小分目标又可以被细分为**超小分目标**，超小分目标又可以被细分为**无敌超小分目标**等等。完成任何一个目标，不管它多大或多小，都可以用以上步骤对其进行攻克。

日程计划本的运用

列出这么多大大小小的目标后，你可能会觉得头昏眼花：天啊，这么多纷繁复杂的目标，我到底要怎么去完成？不要慌张，有规划的人生从使用日程计划本开始。

简而言之，日程计划本是一个用来协助个人安排日程、管理时间的笔记本。日程计划本的设计纷繁多样，有年计划本、季计划本、月计划本等。漂亮的外表固然重要，但对于计划本来说，更为重要的是它的内部版式设计。只要简单实用，能满足个人的

第三章

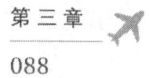

需求就可以了。

最初开始使用日程计划本时,我只用它来提醒我不同作业的截止日期。**渐渐地,我才发现其实我可以将生活里的一切活动都标注进去,最大限度地把它运用起来。于是,我便开始用不同颜色的笔来代表不同事情。**比如,我用红笔标注学校作业的截止日期,黑笔标注每周实习和兼职的时间,蓝笔标注和老师/同学开会的时间地点,绿笔标注如取钱、买菜等生活琐事。用习惯之后,什么颜色便无所谓了,做完一项划去一项,从此再也没有发生过遗忘或拖延的事情。

如果买不到合适的日程计划本,自己也可以用Word文档进行设计。出国之前,我不知道有日程计划本这种东西的存在,当时只是在电脑上自己设计学习计划表。不同的表格代表日期和天数,每格里写上当天要完成的事情。计划表写好后打印出来,随身携带,监督自己当天任务的完成情况。自己设计的计划表没有固定的样子,只要方便个人使用即可。

制订计划的注意事项

制订计划时最忌讳两点:一是把时间安排得太满,二是把自己逼成机器人。第一,如果每天的计划都排得满当当,那么人一定会因为要做的事太多而倍感压力,焦虑不安,这是拖延症最容易泛滥的时候。而且,如果计划过满,万一发生突发事件,全天计划都会被打乱。因此,列计划的时候一定要灵活。

我每次做计划时，任务和任务之间一定会留出足够的空当。这个空当既可以用来应对突发状况，又可以用来休息。通常情况下，我在每项任务之间会尽量留出十五分钟左右的空当，刷刷微博也好，闭目养神也好，散散步，读读书，都可以帮助自己缓解压力。

另外，为了健康的生活，我很少会在饭点安排任何任务。虽然有时候牺牲吃饭睡觉的时间会让自己提前完成任务，但长久下来，这样高强度的生活对身体并不好，而且高强度的生活并不是一种可持续发展的。因此，做计划之前一定要明白自身的承受力到底有多强。如果你的确习惯高强度的连续作业，也许可以稍微把计划排得满一些；如果不能，千万不要挑战自己的极限，否则很容易把自己拖垮。

第二，制订计划时千万不可以把自己当成没有情感的机器人。合理的计划本上除了排满每日的待办事项外，一定要增加一些对自己的小鼓励。例如，晚上九点和好友吃夜宵，或晚上九点看电影，任何对自己一天辛勤劳动的奖励都应该被明确地写在计划本上。人不是机器人，最好不要逼着自己连轴转。有张有弛的生活才最健康，不懂得休息的人也不懂得有效率地奋斗。

非常想强调的一点是，制订计划时要尽可能的详细。尤其是日计划，最好把每条待办事项都写得尽量具体。类似"周一练习阅读"这样的计划不是好计划，最好是明明白白写清楚周一到底

第三章

要阅读哪个材料的哪些页等。

有人觉得留学生活是用来享受的,为什么要拿一张张密密麻麻的计划表让自己过上军人般严格的生活。**我必须得说,在国外读书是很辛苦的,要是不能养成一种良好的自律能力和自我规划能力,恐怕很难健康地将这几年坚持下来。再说,一旦养成良好的自律和自我规划的能力,日后就算没有计划本,你也会自然而然地在脑中形成对日常生活乃至整个人生的规划。**冯仑说过,伟大不是领导别人,而是自律。自律能力一旦拥有,一定会让你受益终生。

执行计划

计划就算制订得再完美,要是不去执行的话,只能沦为废纸一张。

很多人总是把执行计划这件事复杂化,但它其实是一件很简单的事。假设你在计划本里写着"周一上午八点阅读两篇《经济学家》文章",那么你唯一需要做的事情,就是在周一上午八点时,翻开《经济学家》杂志,挑选两篇文章,开始阅读,仅此而已。

执行计划本身并不是难事,难倒人们的通常是执行计划之前纠结的心理过程。只要能克服之前的心理障碍,执行层面上的事相对比较容易解决。好的开始是成功的一半,可大多数人往往是因为某种心理原因而害怕去开始或懒得去开始。因此,畏惧和懒惰便成了阻碍人们正常执行计划的两大天敌。

不幸的是，畏惧和懒惰这两大天敌几乎是全人类共有的、与生俱来的、无论你如何努力这辈子永远也不可能彻底克服的毛病。它们是两个相当顽固的家伙，几乎会以正弦曲线的形式忽强忽弱地出现在每个人的生活中——你若是坚强地跟它们较劲，它们可能就会躲藏几天，但很有可能过几天就又贱贱地跑出来向你示威了。既然每个人都会有畏惧和懒惰的情绪，为什么有人就可以成功，而其他人就屡次失败呢？我觉得，成功人士的厉害之处，不在于他们永不畏惧或永不懒惰，而在于他们的自律性和自控力总能战胜他们的畏惧和懒惰，正能量已经大大超越了负能量。

我个人对付畏惧和懒惰的唯一途径，就是无限放大计划完成后的美好生活，并无限魔鬼化计划未完成后的悲惨下场。 实际上，每当我为自己切断后路，发现如果不做完当下的事自己真的会很惨的时候，这两大天敌就会自动消失了，因为对我来说，没有什么比对内疚感和失败感的恐惧更让我脊背发凉了。

需要注意的是，人在压力下很容易变得急功近利，看着满屏的待办事项，很容易会单纯地为了把某项事宜划掉而变得敷衍潦草。很明显，这种做法是极其愚蠢的。因此，每次划掉某项任务时，心里一定要认真地问自己：我是否真的诚实地、完整地、有质量地完成了这项任务？如果发现自己没法坦诚地回答这个问题，那就请你从头再把这项任务做一遍。人生只有一次，总这样自欺欺人没什么意思，因为没什么比自欺欺人更消耗生命了。

人生的计划本

除了日常生活外，人生也是需要目标和规划的。有了明确的目标，我们才不会在浩瀚的人生海洋中迷失方向。虽然人生规划是我们这辈子制订的最大的计划，但制订人生规划的步骤其实是和以往一样的。举个例子。目标：这辈子你想成为的人、做成的事及所过的生活；期限：一生；分目标：将你所有想做的事一一列出来。然后，把一生的时间分配到每件事上即可。

在规划人生方面，有一个小技巧，叫逆推法（backward mapping）。拿一张纸，在最上面写下你的终极人生目标，下面依次写出为了实现这个终极目标，你分别需要达成哪些分目标。

拿我的个人职业目标举个例子。这辈子我最远大的职业梦想，是能够开一所属于我自己的个人心理咨询室。用逆推法画出实现目标的轨迹图，如下（见图3.2）：

通过这张"地图"，我可以清晰地看到为了达到我的终极职业目标，我在人生的每个阶段分别需要做出哪些努力。很多人都问我一直以来不停向前的动力是什么。这张图，就是我的动力。**每个人生阶段，我都会绘制一张类似的图，来引领我向前。**来美五年后的今天，我已经顺利拿到了高级临床社会工作者的执照（LCSW），只要再积累一些丰富的临床工作经验，相信几年内就

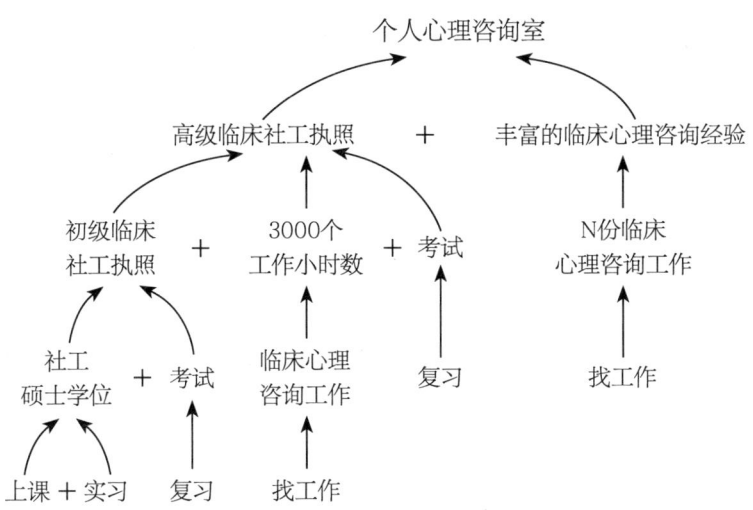

图3.2 我的个人职业目标规划图

可以开我的个人心理咨询室了。到了那时,我可能又会找到更高远的职业目标。

逆推法适用于大大小小的目标,只要能找到你的目标,并踏实走好脚下的每步路,那么每个人都有潜力实现自己的梦想。梦想,只有实现了才有意义,否则永远只会是一个白日梦。千万不要忽略成功路上的任何一件小事,正是那一件件小事,一步步向前,才能把我们带向终点。**把平凡的事做好,把平凡的每一天活出价值,这才是成功的开始。**所有的以后都来自于一个又一个平凡的今天。

喜忧参半第二年

完美学年从计划开始

研一一年的生活让我在美国的生存经验值增长了很多。研二春季学期刚开始,我就买了一本全新的日程计划本,开始为新学年做规划。我从学校网站上下载了本学期所有课程的教学大纲,把上课时间、作业截止日期、演讲日期等认真标注在了计划本上。此外,我迅速和实习机构及图书馆敲定好了这学期的工作时间安排,然后把实习时间和兼职时间也都分别标在了计划本上。看着满满当当的计划本,顿时觉得动力十足。

上一学年的末尾,我终于确定好了专业下属方向。人生又有了明确的目标,突然觉得一切都变得清晰明了了。之前因为缺乏计划,在基础实习时吃足了苦头,因此新年伊始我提醒自己千万不能在专业实习上重蹈覆辙。幸运的是,确定好专业方向后,我开始清楚地知道自己为什么要找专业实习,想找怎样的专业实习,以及该如何最大化地利用这次实习机会。这次做实习,就不仅仅是为了完成那些冰冷的小时数了,而是要从实习中学到具体的知识和职业技能,这对日后毕业找工作是至关重要的。想清楚这些问题后,我便在已经写满了的日程计划本中,又挤进去了找实习的任务。

对新学期进行规划时，除了课业和实习任务以外，对我也很重要的一点就是如何更加健康地生活。这里的健康，主要指的是精神上的健康。过去的一年里，我一直处在一种亚抑郁的情绪状态里，烦躁、忧郁、易怒、孤僻、焦虑、拖延等种种负面情绪把我包裹得严严实实。我觉得，拥有这些负面情绪并不可怕，可怕的是你对它的无视、否定和逃避。**每个人在漫长的人生中总会或多或少地被负面情绪骚扰。在它泛滥之前，只要勇敢诚实地直面和解决它，多数负面情绪都是可以被控制和消除的。可若是一味放纵其肆意生长，那么负面情绪完全可能长成要人性命的恶魔。**

因为精神健康是我的专业方向和个人兴趣，所以我更加重视这个问题。因此，在为新学期制订计划的时候，我着重考虑了该如何帮助自己克服这些负面情绪。我觉得，当时我的很多负面情绪都来源于孤独和没有归属感：在美国待了一年之久，除了少数中国同学外，我并没有结交院里的其他美国同学。和新同学之间除了课上的简短交流外，课下并没有任何往来，所以根本无法融入他们的圈子。当一个人的部分社会属性受到局限时，孤独感便会油然而生。因此，我决定在新学期里大胆地多结识新朋友，努力在新环境中创建属于自己的朋友圈。

不得不说，克服孤独感，重建朋友圈，这不是一件容易的事，一定得花很久的时间，更不用说我面临的是异国的文化和人民。

既然它不是一件一蹴而就的事，那就只能耐心等待时间给予答案。有人说，越钻研痛苦，就会越痛苦。我觉得这些负面情绪也是如此：你越去想它，就越容易深陷旋涡，难以自拔。所以，每当我感到郁闷时，就会强迫自己暂时忘记它，把注意力放到手头该做的事情上。**有时候，好的状态是在你行动了之后才会找到的。当很多积极行动积累起来后，未来某一天这些问题就会自然而然迎刃而解。**

现在的我懂得了这些道理的宝贵，可当时的我几乎每天都在质疑它，还好忙碌的生活不允许我停下脚步。那个时候，虽然有时还会抱怨作业太多，实习太难，自己做的饭太难吃，但繁忙生活的我的确比第一年开心多了、充实多了。我渐渐觉得生活开始变得有滋有味，不管酸甜苦辣，至少我拥有的一切都是自己用双手创造出来的，所以感到非常幸福和满足。我好像觉得自己慢慢地找到了适合自己的生活状态，重新变成了生命的掌舵人。

回想当初刚来美国时的窘相，觉得时间的魔力真是神奇。你看，人就是这样在不经意间慢慢成长慢慢强大的。很多事情，当你未曾接触它时，内心会因为畏惧而变得脆弱，会因为未知而把问题无限放大化、魔鬼化。可是，当你慢慢接触它、钻研它、认识到它的真面目时，才会发现事情本身其实远没有你想的那么困难。

"女战士"养成记

专业下属方向确定之后,我在找专业实习时就觉得目标格外清晰——我要找一份精神健康方面的实习。经过对实习机构的多轮筛选,我在春季学期便提早向三家机构提交了夏季学期的实习申请。多轮面试之后,我终于被巴恩斯医院录取了。

作为一家大型综合医院,巴恩斯医院是全美最好的十家医院之一。我的实习部门是医院的精神疾病治疗中心,负责的工作包括对精神科的患者进行评估,协助主管对患者进行个人心理治疗,并独立带领团体治疗。得知自己被录取的当天,我欣喜若狂激动万分,不仅仅是因为这家医院很棒,更是因为这份实习完全符合我的专业方向,所以我无比期待能从中得到收获。

精神疾病治疗中心位于巴恩斯医院的十五楼,中心里全都是住院部,分为三个病区:重症区、老年区和普通区。重症区的患者全部都患有严重的精神疾病,可能会对个人或他人造成生命危害。老年区的患者都是六十岁以上的老年人,其中大部分人患有阿尔茨海默病。我实习的部门在普通区,这里患者的患病程度并不太严重,经过适当的住院治疗,即可在短期内出院。因此,这个区的患者流动量很大。

实习的第一天,我准时到达医院十五楼,沿着走廊朝主管的办公室走去。一路上,我注意到走廊里每隔一段距离就有一道门,

第三章

每道门的玻璃夹层中间都镶嵌着一层铁丝网。一扇扇厚重的门紧紧地锁着，只有用员工门卡才能打开。每扇门上都贴着醒目的标识："注意！此处患者逃脱危险高！"看着这些高端的安全措施，我的心里直犯嘀咕，难道精神科真的像电影里演的那么可怕吗？这里的患者真的会逃跑吗？想到这里，我的神经突然紧绷了起来，对未来即将接触的患者产生了一种戒备心。

我的主管是一位六十岁的德国籍老太太，她在学生年代时来到美国读书，毕业后便留在巴恩斯医院工作，一做就是三十多年。看到我的一瞬间，她的脸上露出了巨大的微笑。我正准备迎上前去和她打招呼，她却抢先隔空对我说道："早上好啊小姑娘！你准备好了吗？今天会是你迄今为止最具挑战的一天！"我还没把"早安"二字说出口，听到她这句话，我立刻就怔住了，心想：天啊，实习难道不就是跟在老板身后观察吗？难道不就是学习实习手册之类的吗？难道不是帮忙打印复印一些材料吗？怎么会"最具挑战"呢？想到这里，我心里突然咯噔一下，不知道今天到底会遇到怎样的挑战。

还没等我反应过来，主管已经大跨步地走到我身边。她把胳膊搭在我的肩膀上，神秘地说："别害怕，我一定会把你训练成一名优秀的女战士！"紧接着，她十分豪放地笑了起来，洪亮的声音响彻整层楼。我突然有一种上了"贼船"的感觉。

第一件事，记人名。精神疾病治疗中心里，员工和患者加起来将近百人。走在走廊里，主管不断向我介绍着，这个是病房经理，那个是主治医师，这个是首席护士，那个是个案管理社工。其中的很多头衔称呼和治疗流程的专有名词，都是我在学校时从来没有学过的。面对一阵陌生信息的狂轰滥炸，我连忙打起了十二分精神，丝毫不敢怠慢，快速做着笔记。

第二件事，熟悉并迅速掌握如何操作各种电脑系统，以及如何往系统里输入患者资料及治疗进度。感谢二十一世纪这个科技年代，凡是跟电脑操作有关的事一般都难不倒我。

最难的是第三件事，熟记每个患者的资料及治疗进度。主管告诉我，我们所在的普通区一共有十八张病床，也就是说如果全部病床都满员的话，我们要同时为十八位患者提供服务。因此，熟识所有患者的信息，是一件至关重要的事。我问主管，这么多信息，该如何才能都记住呢？主管看着我哈哈大笑道："小姑娘，起初你可能得依靠患者病历或评估表，但一旦忙起来，是根本没时间去临时翻阅这些东西的，所以还是得靠这里。"说罢，她用手指了指自己的脑袋。

我又连忙追问："那到底有哪些患者信息是必须熟记的呢？"主管一边翻阅手头的资料，一边随口说道："任何和治疗有关或能帮助到治疗过程的信息，我们都应该了如指掌，比如患者的名字、年龄、症状、何时住院、何时出院、婚姻状况、家庭状况、经济状况、父母所在地及工作等等。另外，这个患者是否有兄弟姐妹，

第三章

目前境况如何；是否有子女，目前境况如何；以上所有人的现居地在哪里，和患者关系如何等等。还有，你必须知道患者的用药情况，是否有副作用，以及负责这位患者的主治医生和分管护士分别是谁……"

听着这一连串信息，我瞬间感觉大脑正在以N次方的速率拼命运转着，本想拿笔都记录下来，可是主管说话速度太快，我的笔速根本比不上她的语速。主管鼓励我不要着急记录，应该学会从纷繁复杂的信息中找寻出记忆链，并渐渐习惯依靠大脑，而不是笔头。我崇拜地看着她，纳闷她到底是如何从学生时代的菜鸟蜕变成今天如此强悍能干的女强人。主管看到我在私下嘀咕，突然温柔地鼓励道："不要觉得这是什么难事，习惯以后就好了。别忘了，我可是要把你训练成女战士的喔！明天我会对新入院的患者进行评估，你在旁边观察，相信你很快就可以独立上手了。"听到"独立上手"这个字眼时，我又顿时心头一紧。

充实、繁忙、紧张且疯狂的第一天很快就结束了。第二天一大早，主管便要对新患者进行评估。她对我说："今天的任务里，我们来做搭档。我负责采访，你负责记录，之后你把记录下来的信息输入到评估系统里，怎么样？"对于这第一次，我心里其实特别没底儿，但至少在当下，采访和记录两者比起来，很明显我更擅长后者，于是便欣然答应了。

治疗中心的采访室是一个并不大的独立小屋。我们进屋后，对面的患者并没有和我们进行任何眼神交流。她的身体显得相当单薄，懒散地倚靠在椅背上，一头浅褐色长发遮住了她憔悴的脸。资料显示，这位患者患有躁郁症，而且有长期的吸毒史。在她枯瘦的臂膀上，我可以隐约看到针头留下的青紫色印记。这是我有史以来第一次和患有精神疾病的瘾君子进行近距离接触。说实话，当时我非常害怕，我害怕她的毒瘾会突然发作，或是会由于情绪激动而冲过来攻击我。于是，起初的几分钟，我只是低头看着自己的笔记本，丝毫不敢抬头和她对视。

简短的自我介绍后，主管便直切主题，开始评估。起初的几轮问答里，她们的语速还较为适中，患者的回答也都很简短，所以我基本完整地记录下了所有信息。后来，当主管问及家庭背景等信息时，患者的情绪渐渐变得激动起来。她的语速越来越快，信息量越来越大，我完全跟不上她跳跃的思维。当她提到自己的吸毒史时，更是有很多单词是我完全不知道的。那些毒品的名字、用俚语表达的吸毒方式和工具、治疗毒瘾的药物名称等等，完全超出了我有限的英文认知。我顿时慌了神。

我一边从她零乱的言语中凭直觉挑选关键词，一边着急忙慌地在本子上记录。当时，各式各样的记录法都派上了用场：记单词，写中文，画符号，标音标，甚至还画了简易的家谱图，总之怎么高效怎么来。我紧握笔杆的手快速在纸页间飞舞，没过一会儿就写满了几大页。主管采访的时候，不停地用余光瞥我。从她

第三章

吃惊的眼神中,我仿佛能听到她内心的呐喊:"天啊,这个小姑娘到底知不知道她在做什么?怎么记了那么多笔记?"但我已经顾不了那么多了,这是我第一次做评估记录,我可不想漏掉任何关键信息。

评估结束后,我以光速飞奔回办公室,迅速开始往电脑评估系统里输入采访内容,生怕脑子里满当当的信息会消失掉。主管看我迫不及待的样子,前后叮嘱了很多遍:"一定要言简意赅,切中要害,千万不要把你本子上密密麻麻的东西都照搬上去哦。"看着面前的笔记,我重新整理了一遍思路,抓重点,舍次要,聚精会神地把信息输入到了系统里。

当我怀着忐忑的心情将打印好的评估报告交给主管审阅时,她对我的工作效率和质量赞不绝口。我表面故作淡定,但内心早已乐开了花。突然回想起来,读大学时为了复习英语专业八级考试,我曾下过很大功夫去攻克考试里的"听写"这个难关,**当时就在反复练习听力、抓重点记录和用英文归纳总结的能力**。没想到,很久前为了一个考试而练就的一些能力,多年后的今天竟然在工作场合派上了大用场。感慨万千。我突然觉得,你曾经下的所有功夫都是值得的,就算当时没有立竿见影,日后早晚也会见成效。没有任何一件事是会白做的。

我第一次独立采访的患者是T夫人。因为是第一次做采访,所以对自己问问题的方式和内容都非常不自信。T夫人起初显得有些烦躁不安,并质疑说我问的问题太过无聊。我向她道歉,并耐心地解释了好久,才终于得到了她的配合。尽管如此,由于自己毫无经验,整个采访过程我基本都是被T夫人牵着鼻子走,自己完全无法掌握问答的节奏。不但如此,后来将信息输入评估系统时,才发现自己漏问了很多关键问题,只能再去病房打扰T夫人,进行二次采访。当时感觉尴尬极了。

大概在评估了七八个患者后,我渐渐地找到了正确提问的门道,既学会了如何和初识的患者寒暄破冰,又慢慢懂得了如何在不同话题之间起承转合。最令人兴奋的是,我可以随时把当时在学校课堂上学到的技巧付诸实践。比如,当天在课堂上刚学到如何进行开放式提问,第二天去医院实习时,我就可以立刻把各类开放式提问的技巧运用起来。如果在实践中遇到什么具体的困难,之后在课上还可以拿出来和老师同学们一起探讨。这种感觉真是棒极了!将课堂学习和实践紧密结合起来后,我有史以来第一次感受到了学习的快乐和自己的进步,也由衷地因为找到了这份实习而开心。

实习期间,除了为患者进行评估和撰写评估报告外,我还负责为他们进行团体治疗及个人治疗。这里所说的"治疗",指的就是心理咨询。团体治疗,顾名思义,就是对一组患者进行心理咨询。可是,由于普通区的患者住院时间较短,很多人往往第一天住进来,第二天就出院了,因此短期心理咨询并不能对他们产生

第三章

很大帮助。因此，普通区的团体治疗就以主题式授课的形式存在，课程主要包括"如何克服焦虑感"、"如何克服消极思维"、"如何维持健康的人际关系"等。

说实话，我是一个不太擅长在众人面前讲话的人，更不用说是在一群患有精神疾病的患者面前，更不用说要讲一些自己并不太擅长的话题，更不用说是要用英语讲！对我来说，这真的是有史以来最具挑战的任务。因此，为了第一次团体治疗课程，我不知道做了多少准备。我把要讲的所有内容用英文一字一句地写了下来，编成幻灯片，定稿之后对着镜子反复练习，直到倒背如流烂熟于心为止。

第一次团体治疗的当天，我怯懦地走上讲台，看着下面的十几双眼睛，心扑通扑通地跳。深呼吸之后，我按部就班地把之前背好的讲稿一股脑地讲了一遍。原本觉得自己发挥得还可以，没想到台下却状况频出。交头接耳的，憨憨入睡的，提早离席的……你可以明显感觉到台下传来的信息：没人对你所说的东西感兴趣。看到这里，我倍感失落，赶快草草了事，之后仓皇而逃。

向主管寻求帮助后，我才发现了问题的症结所在。虽然我们把团体治疗称作"上课"，但它其实并不是真正意义上的上课。我和这些患者之间的关系也不是老师和学生，而是心理咨询师和案主。因此，一味以填鸭式的方式传递知识，很容易让患者失去兴趣。**我应该做的，是在传递知识的同时与他们进行互动，激发他**

们去主动思考并反馈，这样才能给他们带去实质性的帮助。

之后，我和主管就这个话题进行了十分深入的讨论，也正是因为这次讨论，我才更深刻地明白了心理咨询师在一段治疗关系中的角色定位。以前，我总说自己想做一名心理咨询师，想去帮助他人，但是那时的我对心理咨询师角色的理解其实依然还是有些模糊。通过实习中亲身与患者们进行互动，通过与有经验的咨询师进行交流，我才在这方面有了更深层次的领悟。

在那之后，为了把团体治疗做得更好，我彻底改变了自己的"上课"方式。我把台上台下式的座位排列方式，变成了大家围坐一圈，同时将课程设计得更具有互动性。印象最深的一堂课是关于毒瘾这个主题。一开始，我简略地讲解了"瘾"的概念、本质和症状，然后鼓励大家分享自己的故事。患者们不仅踊跃地分享了自己当初走上毒瘾之路的经历，还分享了自己的治疗过程，以及中间戒毒、反复、再戒毒、再反复的痛心历史。我适时对每个人的发言进行总结，并巧妙地将他们带入下一轮的讨论中。大家从彼此的坦诚倾诉中得到了情感共鸣和安慰支持，很多人在讨论中因为情绪激动而声泪俱下。当整节疗程结束后，每个人的脸上都露出了一丝释然和满足的微笑。当时，我真的感觉成就感爆棚了。

其实，在之前从未和患有精神疾病的人接触时，由于一些刻板印象，我在他们面前总是觉得战战兢兢小心翼翼。但是，在和

第三章

他们近距离工作了一段时间后,他们在我心目中的印象便彻底改变了。虽然在被病魔纠缠的当下,他们可能会痛哭流涕,或歇斯底里,或怒发冲冠,或默默不语。但是,他们其实都和你我一样,渴望健康平和幸福安宁的生活。经历了这场实习后,我因为之前自己曾对他们带有一些狭隘偏见的态度而感到内疚,也希望未来能有更多人可以以客观、尊重和平等的态度去对待他们。

在巴恩斯医院度过的十个月中,我总共做了整六百个小时的实习,经手了两百多名患者,重度抑郁症、偏执症、躁郁症、精神分裂等基本都接触了个遍。回想起刚到精神治疗中心的第一天,抱着成堆的患者资料,面对着纷繁复杂的电脑系统,仿佛觉得这将是这辈子最难熬的八个月。可一转眼,就已经到了该离开的时候,这时才觉得这八个月像八天那样短暂且珍贵。

毫不夸张地说,这段实习经历在当时的确全方位地改变了我。它不仅让我更加坚定了自己之前选择的专业方向,也让我更加肯定了个人兴趣所在。虽然工作的当下压力很大,因为这丝毫不是一份轻松的活儿,但每当我的付出让患者的病情有所好转时,真的会有一种无法言喻的成就感。同时,这份实习让我更清晰地认识到了自己在专业方面的长处和短处,明白自己在未来的学业上还需要加强哪些专业知识和技能。

临走之时,我问了主管一个长久困扰我的问题:"你在这种环境中工作了这么久,难道不会觉得消极和倦怠吗?"主管的回答给我留下了很深的印象。她说:"我十分热爱我的工作,当年我选择它时,就知道我要一辈子致力于这份事业。通过我的服务,我的患者们将来会一个个痊愈,这就是我追求的快乐。我用心去爱护和关怀他们,他们也会以同样的态度对待我。这样的工作多么有乐趣,怎么会倦怠呢?小姑娘啊,你要记住,未来无论你做什么,一定要追随你的真爱和兴趣而去。只要做出选择后,就一定要饱含热情,并让希望长存!这才是'女战士'该有的样子!"

"饱含热情,希望长存"……

这几个有力的字出自一位六十岁的老太太口中,突然让我觉得她的灵魂其实是如此年轻,如此鲜活。她虽然已步入花甲之年,但对自己的事业依然满腔热血,兢兢业业。我不由得因为自己性格里的几分怯懦和犹豫而感到羞愧。是啊,人生苦短,为什么不高兴点儿呢?做一个勇敢的战士,选择一项自己真正热爱的事业,然后扎下根去。只要永远怀着一颗鲜活年轻的心去做事业、过生活,那么人生里还有什么能难倒我呢?

再谈语言关

完成了六百小时的专业实习后,我在华大为期两年的研究生学习也已经渐入尾声。虽然那时的我每天依然马不停蹄地往返在学校、图书馆和宿舍之间,手头的日程计划本上依然被各种待办事项覆盖得密密麻麻,但是我的心理状态已经完全不同了。相比

第三章

之前刚到美国时的迷茫、挫败和怯懦，我的内心逐渐增添了几分自信、踏实和坦然。现在想来，那种积极的心理状态有一部分是来源于对周边环境、人事及生活状态的熟悉，另一部分则来自于对异国文化的了解和对语言更扎实的掌握。

说到语言方面的进步，我想好好花篇幅分享一下我的个人感受。我觉得，一个人在纯英语环境中展示出来的语言水平，最可能受到两大因素的影响：一是英语实力，二是自身心态。

从英语实力方面来说，五年前的我依然停留在"哑巴英语"的状态中：对话听得半懂不懂，口语多数情况张不开嘴，阅读和写作勉强说得过去。形成这种局面的主要原因是，阅读和写作在出国前练习得最多，听力其次，口语最少。语言能力就像乐器一样，练得越少手越生，提升技艺的唯一途径只有反复练习。在美国的第一年，我将大部分时间都花在了阅读和写论文上，因此，阅读和写作能力在原有的基础上进步最快。因为常听老师讲课，所以听力进步的速度排第二。口语状况在第一年里依然非常惨烈，由于心态原因，当时有胆去主动和身边的人用英语交流的次数少得可怜。

我在口语方面的神速进步发生在研二开始专业实习之后。由于实习原因，我被完全暴露在全英文的工作环境中，十个月里除了兼顾学业以外，几乎每天都不得不和医院同事及患者用英文进行交流。结果就是，以前不会说的词语和表达法，听身边的人说得多了，自己也就慢慢地在潜意识里学了起来。以前总习惯犯的口语错误，闹几次笑话，反复被纠正之后，也就开始自然而然地多加注意了起来。久而久之，不但日常沟通的词汇量大大增加了，对工作中的专有用语掌握得也越来越扎实。日积月累，口语便取得了巨大进步。尽管因为突然想不起来该如何表达而在对话中卡住的情况还是时有发生，但已经可以十分流畅地进行英文对话了。比起一年前的我来说，这绝对称得上是质的飞跃。

更令人欣喜的是，伴随着英语能力的突飞猛进，我好像在不知不觉中也慢慢克服掉了内心不敢和美国人说话的障碍。必须得说，这种心态上的进步和成长是一种完全无意识的过程——处在实习当下的我，只是一心想着"如何能把这个采访做完"、"如何能把这次团体治疗课程上好"之类极具紧迫感的问题，根本不会想到"啊，他是美国人，我该怎么办"这样的概念。久而久之，我对自己和他人的定位，也从"我是中国人，他们都是美国人"逐渐转变成了"我是这里的一名实习生，他们是我的案主/同事"。长久和他们近距离相处下来，由于国籍和种族的不同而造成的界限，在我的脑海里渐渐变得模糊了起来。

再强调一遍，这种心态上的转变是完全无意识的。事情发生的当下你不会有感觉，往往是在事后回忆往事时，才惊讶地发现曾经困惑你的东西已经不再困惑你了。当心态转变之后，我才意识到，自己当初所谓的"哑巴英语"的状态，虽然跟英语水平有一定关系，但在很大程度上更可能是由于心态阻塞而导致无法发挥正常水平，就好像一个考生的知识明明掌握得很扎实，却也有可能因为过度紧张而在高考中发挥失常。

很多人都觉得，自己不敢张嘴说英语，是因为口语水平不够好，他们认为只有先把口语练好后才能改变自卑的心态。我却觉得两者的关系应该进行互换：**只有先矫正错误消极的心态，才能勇敢地张嘴说**，**多说多练之后口语才能变好**。这又如之前提到的认知行为学的核心理论（即思维、情绪、行为三者的关系）一样：只有当你拥有端正的心态时，你才不会因为每次要说英文而在情绪上感到自卑、害怕、焦虑或紧张；当你在情绪上感到平和、镇定和自信时，说英语时才能较为顺利地展示出自己本来具有的水平，而且也不容易因为暂时的失败而灰心丧气、彻底放弃。

那么，在面对英语是母语的美国人，以及自身英语水平本就有限的情况下，到底该如何保持自信乐观、积极淡定的心态呢？从心理学角度看，改变一个人的消极心态主要有两种方法：一是直接去改变导致这种消极心态发生的诱发性事件（方法一），二是通过思维将这种消极心态转变为积极心态（方法二）。

方法一里，导致一个人说英语时产生自卑和焦虑情绪的诱发性事件可以有很多，可能是这个人的英语能力本身就不好，或是他曾经因为说英语而被当众嘲弄等。那么，要想改变这种诱发性事件，要么就得去刻苦提升英文水平（具体内容曾在《考拉小巫的英语学习日记》一书中有过详细分享，这里就不再赘述），要么就去缓解童年阴影给其造成的创伤。但是，一个有趣的现象是，不同的人在相同的全英文环境中的表现可能有着天壤之别。例如，A同学可能英文能力并不差，但却因为焦虑而总是不敢张嘴；B同学可能英文能力不如A，但却能在一个新环境里和身边的美国同学迅速打成一片，这是为什么？

归根结底，还是心态在作怪。也就是说，**要想从根本上改变不敢张嘴说英语的局面，首先还得从方法二着手，即要学会如何将自己的消极心态转变为积极心态**。在学会如何转变之前，要先弄明白自己为什么会有不敢说英语的焦虑感。

对于当初刚来美国时的我来说，主要有以下几种原因：一是我的确不知道该说些什么，总觉得无论说什么，都会异常尴尬，鸡同鸭讲，和对方不在一个频率；二是我担心自己说的内容有错误或有口音，导致对方听不懂。究其根本，这两种原因背后的核心根源就是自卑——对自己的讲话内容不够自信，觉得对方不会感兴趣；对自己的英文水平不够自信，害怕犯错误。久而久之，越焦虑就越焦虑，越不敢讲就越不去讲，因为不练习而导致口语越来越差，因为口语差而失掉很多社交机会，因为没有社交而无法融入国外的生活圈，从而变得郁郁寡欢，因此患上抑郁症的不胜枚举。

既然已经明确地知道不敢说英语是因为对自己和自己的英语不够自信，那么我们就从这里切入，来尝试转换思维。首先，每

第三章

一个敢于离开家独自去到一个陌生国家的人,都是勇敢且值得尊敬的,更不用说你要被迫使用第二语言。像之前说的,无论你在新环境里做出怎样的突破,对你自己而言都是史无前例的进步,因此你完全有理由因为这份勇气而敬佩自己。

其次,我们是中国人,英语不是我们的母语,大多数人也不是以英语为职业的。因此,永远不要强求自己能把英语练成像中文那般游刃自如,或是像老外那样出神入化。既然英语是第二语言,那么我们说话犯错误、有口音、颠三倒四、反应迟钝等一切问题,都是再正常不过的。那些刚到中国留学的外国人,也都是操着幼稚难懂的中文起步的。我们不会因为他们说话带口音或有语法错误,就嘲笑他们或拒绝与其交流,反而会因为他们锲而不舍大胆尝试的精神而由衷佩服他们。我们对他们如此,他们对我们也是一样的。所以,根本不用因为这些小问题而对自己的英文失去信心。实际上,每个母语非英语的外国人在讲英文时都会有问题,只不过程度深浅不一,内容形式不同罢了。

实际上,就算我们在说英语时带些口音,通常美国人也是能够听懂的。我读书期间,班上有位韩国大叔,口音之浓重已经到了惊天地泣鬼神的地步,每次他发言时,我都暗自替他捏把冷汗。即便如此,他总能保持一副自信满满侃侃而谈的样子。每当我因为听不懂他在说什么而感到纠结时,就发现在座的美国学生已经因为赞同他的观点而频频点头了。另外,不用说国际学生容易犯口语错误了，连美国人自己说英文时也经常错误百出。众所周知，在美国，黑人英语的口音最重、俚语最多、意思最难懂。我和他们聊天时，经常听到他们说类似"He be stupid"或"Is you coming again tomorrow"这样时态不通支离破碎的句子。但是，这也完全不会影响大家彼此之间的交流。

举这些例子的目的是想说明一点，**和标准的口音及零错误的句式比起来，言之有物、富有逻辑的英文才更为重要**。对于口音或语法错误，只要常说常练，假以时日，都是可以改正好的。因此，你根本不用花那么多时间去担心你的发音是否足够标准，表达是否足够地道。你就算语音再标准，说法再地道，永远也不可能比纯正的美国人更标准更地道。相反，你想表达的思想才是最重要的。如果肚子里没货，就算语音再标准也没有意义。

其实，中国人要想把英语练成像大山的中文那般流利完美，不是不可能，只不过对于大多数人来说，这是一件性价比并不高的事情。除了从事与英语相关职业的人以外，大多数人学习英语的根本目的只是为了交流而已。在日常交流中，只要能把意思表达清楚，那么无论你是用简单易懂的初级词汇，还是用高大上的GRE词汇，其实区别并不大（后者反而会让你听上去怪怪的）。因此，平时用英语进行口头交流，最重要的是要学会如何用简单的词语尽量清晰明确地传达自己的意思，不用因为词汇量稀少或句式单一而太过不自信，随着时间推移这些都会自然而然得到解

第三章

决。实际上，在美国待久了以后，我发现美国人在日常交流中用到的词语和词组大多都非常简单，但每个词的用法却相当灵活。所以，与其花费时间去钻研新词，还不如把现有的词汇量掌握得更扎实透彻些。

既然已经明白一些技术层面上的担忧是完全多余的，那么在口语的内容方面到底该怎么办呢？每当面对外国人便无话可说的情况该如何解决？这件事也曾困扰了我很久。一个有意思的现象是，如果面前的陌生人来自中国，我总是可以瞬间和他展开一场有趣的对话，上谈天文地理国家大事，下聊明星八卦个人生活，很少会觉得尴尬。但是，为什么眼前的陌生人换成是美国人后，自己就立刻脸色发白大脑放空呢？

这还要归结到心态问题上去。一般情况下，当你看到一个外国人时，大脑就会立刻把自己和对方区分开来。在潜意识里，你会迅速感知你们彼此的国籍、种族、样貌、文化背景、家庭背景等一系列信息都是有本质区别的。因此，你会下意识地认为自己和对方没有任何共同点，于是便会感到尴尬和焦虑——试想一下，如果双方毫无共同点，且都对彼此没有兴趣的话，这样的对话是很难继续进行下去的。然而，很多时候大脑潜意识提供的信息并不一定都是正确的。理智地想，对方在作为一个美国人之前，首先是一个人。既然你和对方都是人类，那么就一定有作为人类的共性。比如，当你因为无话可说而感到别扭时，对方很可能也是如此。当一个中文一般的老外对自己的语言水平没自信时,如果你会善意地鼓励他的话,那么同样的情境中,外国人也一定会鼓励你的(奇葩除外)。

明确了自己和对方其实有很多相同属性以后,我便找到了一个很好的方法来解决这种无话可说的尴尬。每当我遇到一个陌生的美国人,我就会把他假想成是中国人。我要是想和一个中国人说什么,就和这位美国人说什么。有时,我甚至会很直白地跟对方说:你知道吗,其实此时此刻我很紧张,根本不知道该说些什么,因为我来自中国,英语是我的第二语言,我对它很没有自信。每当我以这样坦诚的态度和对方交流后,对方往往会非常大方地回应,对于非常擅长赞美别人的美国人来说,更是如此。之后,我便会非常诚实地告诉他们我在美国生活有哪些不适应的地方,从这些话题继续延伸下去,就可以聊聊两国的文化差异、教育差异、生活差异等等。总之,不要因为对方是外国人,就觉得好像大家来自两个不同的星球似的。中国人与外国人之间的相同点,要远远大于不同点,更何况很多外国人对于中国是非常感兴趣的。

如果对于这样自由发挥的聊天不是很有信心的话,你还可以尝试事先准备一些话题。世界知名演讲培训组织Toastmasters曾经推荐过一个很妙的主意:**他们建议每个人都积累二十到三十个有趣的话题,供社交场合上与陌生人化解尴尬用**。你看,外国人遇到陌生的彼此时,都会因为初次见面而无话可说,更何况咱们呢。由此可见,陌生人之间的尴尬难堪是多么正常的现象。

总之,在谈话中,你要慢慢尝试忘掉"我是中国人,他是外国人"的定义,而要以"我是一个普通人,他也是一个普通人,我们只是来自两个不同的地方而已"的心态面对陌生人。只要能用坦诚平等的心态对待对方,对异国文化饱含真诚的热情和好奇心,并对本国文化怀有自信心,那么彼此之间其实是有很多话题可以聊的。

看我现在说得倒是轻松,但来美国的前几年,我也一直都在被以上的种种问题困扰着。五年后的今天,我才慢慢体会到这些道理。说实话,语言适应和文化融合,真的不是一蹴而就的事,必须要在异质文化中暴露很久才能慢慢克服掉心里别扭的感觉。而且,仅仅暴露是不够的,还要在转变心态后踊跃尝试,大胆练习。千万不要觉得在国外待久了,语言能力就会自然长进。如果像我第一年那样每天和中国人抱团的话,语言能力不但不会长进,反而会因为长久不用而飞速倒退。

现在的我,几乎已经可以零障碍流利地用英文和同事客户家人朋友交流沟通了。但是,客观地说,我知道无论在美国生活多少年,无论我多么头悬梁锥刺骨,我的英文水平永远都不会像美国人一样。一则英文诗歌就算再美,也永远不会像方文山作的词那样让我浑身一麻。这,就是语言敏感差异。这,就是文化差异。这,就是因为不出生成长在此地而无法弥补的东西。不过,这样的差异丝毫不会阻碍我与他人的沟通。这又充分证实了一点：对于不以英语为职业的人来说，它就只是一个沟通和交流的工具。仅此而已。

站在毕业的十字路口

2010年年底，我终于修完了所有学分，顺利从圣路易斯华盛顿大学毕业了。当我手捧社会工作专业的硕士学位证书时，内心五味杂陈百感交集。起初，我因为自己长久为之苦苦奋斗的目标终于得以实现而欣喜若狂，但那种欢喜和满足的情绪大概只在心里持续了几天而已，随后很快就被一种难以言喻的空荡荡的感觉取而代之。院里举行的小型毕业仪式结束之后，我就没什么理由经常去学校了。之前高度紧绷的生活状态戛然而止，整个人就像一条松懈的橡皮筋一样，再也使不出力了。

就像所有的毕业生一样，当我站在毕业这个人生的十字路口时，满心都是茫然无措的感觉。由于社会工作领域在美国发展得相当完善，当时我就决定毕业后在美国工作一段时间，积累些工作经验后再做打算。可是，就是因为要在美国找工作，心里才会觉得格外忐忑。我只知道我想做一名心理咨询师，但却根本不知道作为国际学生的我到底能不能在这个国家找到一份理想的工作。

我曾经以为，要是能在美国顺利拿到学位，毕业后找工作应

第三章

该是不在话下的。可是，经过两年的专业学习后，我似乎感觉自己除了一纸文书以外，获得的扎实知识有些有限。尽管我上了很多堂课，写了无数篇论文，但除了在专业实习时学到了很多东西外，我感觉自己好像并没有从课堂中学到什么扎实的硬知识。每每想到这里，内心就空虚极了。有那么一瞬间，我甚至不敢肯定花钱出国读书是否真的是一个明智的决定。起初我完全不知道这种空虚感从何而来，直到毕业后回头总结留学的这两年时，才渐渐发现，这其实是由中美两国截然不同的教育模式造成的。

从小在国内长大的我，习惯的是"填鸭式"教学，习惯被别人"教"，习惯老师把"正确答案"直接告诉我。我机械地认为，学习的目的就是熟记所有知识，然后去应付考试。每当考出高分时，我就自信地以为自己已经掌握了所有所学的知识，但很久以后回想起来时，甚至都不记得当初具体学了些什么。在这个过程中，我其实很少会去花时间主动积极思考所学到的知识，长久下来便仿佛失去了一种主动学习、积极思辨的能力。在国内的课堂里，老师扮演的角色更像是一个传统意义上的教师，"老师教，学生听"的教育模式贯穿始终。

相比之下，美国的教育模式则更为开放。大多数情况下，老师并不会明确地告诉你所谓的"正确答案"是什么。相反，他会事先要求你在课下读很多相关书籍，自己独立进行个人或小组调研，从而形成属于自己的独到见解。在课堂上，美国老师的角色更像是一个"答疑解惑者"或是"启蒙者"。老师会做一定的讲授，用个人经验来启发和开导学生，然后鼓励大家在课堂讨论中分享自己的个人观点。课堂讨论的很多内容都是开放话题，并不一定有具体的唯一的正确答案，讨论的本质就是鼓励大家从不同角度思考和解决同一个问题。

美国大学课堂上所谓的官方教科书非常少，大部分的学生读物都是该领域里颇有成就的牛人撰写的书籍。老师会鼓励学生去读任何一本你感兴趣的读物，只要你觉得它对个人学习有所帮助。当你读过很多书后，会发现不同作者对某个专业问题所持的观点可能是相近或相反的，而老师鼓励大家广泛涉猎书籍的目的，也是希望培养学生的发散性思维。另外，一些专业的课堂考试是开卷的，学生可以带着字典、书、课件和笔记来到考场，但你会发现没有一道题可以从书中找到完整答案。你带的帮手只能作为参考使用，很多考题都得动脑筋才可以解答出来。

刚到美国时，我非常不适应这样的美国教育，总觉得自己读完书后满是疑惑，上完课后更是疑惑，讨论来讨论去，也没有得到一个最终的"正确答案"。可是，**学习和教育的重点本就不仅仅在于一个简单的答案，而在于读书、思考、发现问题、解决问题的过程，以及从这个过程中练就的能力**。在这个过程中，你形成的观点或答案可能和别人的不同，但那却是属于你自己的独特的见解。

在这样极具开放性的教育模式下，学生具体能从中学到多少知识，完全取决于个人的主观能动性。说实话，对于中国学生来说，在美国读书拿高分并不是一件非常困难的事。可是，几乎所有老师都会告诉你，比起拿高分，真正重要的是要从教育的过程获得一种能力，一种懂思辨、会质疑、举一反三的能力。未来的雇主根本不会纠结于你某门课到底是得了B^+还是A^-，他们更看重的是你真真切切的专业实力。

值得庆幸的是，虽然在课上没有找到所谓的"正确答案"，但在课下将自己淹没在论文的海洋时，我竟然奇迹般地收获了很多。众所周知，美国课堂杜绝一切形式的抄袭，一经发现后果严重。因此，在两年时间里，我的所有论文都是经过自己思考、调研、撰写和修改的。虽然已经过去很多年，但当时写过的一些论文观点至今依然记忆犹新，很多东西在之后的工作中依然具有很强的实用性。这是当时我根本没有料到的——曾经让你恨之入骨的包袱，却是日后最让你感激的恩赐。不仅仅论文如此，连课上所学的知识也是如此。尽管刚毕业时我满心空虚，觉得自己一无所获，但开始工作以后，竟然在实践中频繁地遇到曾经课上讨论过的问题。那个时候，我曾多次找出以前上学时保留下来的课件，细细读来，总能给我解决手头困惑带来很多灵感。

现在想来，当初由于对美国式教育过于陌生，加之对环境和语言的不适应，我在整个学习的过程中付出的主观能动性实在太少了。诚实地说，我在很长一段时间里几乎都是被各种作业的截止日期追着跑的。如果没有那些截止日期，我可能永远也不会去阅读那些晦涩难懂的书籍。在美国，如果你只是被动地学习，能学到的实实在在的东西的确会很少，这也就是我为什么会在毕业之际倍感空虚的原因。

如果再给我一次机会的话，我一定会事先做足对美国式教育的心理准备，以便帮助自己尽快转换学习习惯和思维模式。由于消极的听课方式根本无法跟上美国的课堂节奏，因此我应该在课前认真阅读老师所留的读书作业，并对每堂课都做好预习，做到有备而来。在课堂上，我也不该像当初那样畏惧课堂讨论，而是应当尽早调整心态，挣脱语言束缚，积极主动地参与课堂互动。除此以外，我应当在研一的时候就采纳导师的建议，尽早确定专业下属方向，好好利用每一次实习机会。

总之，在教育方面，我的确是走了不少弯路，希望未来要出国留学的同学们可以吸取我的教训。我真的想说，如果你将要去国外读书，一定要适当调整自己对西方教育的期待值。西方教育更多的是培养一种独立思辨和解决问题的能力。在教育发生的当下，老师也只是在每个学生心中播撒了一粒种子。这粒种子在日后是否可以生根发芽，全要看个人的努力和付出。日后，当你毕业之时，你可能也会像当时的我一样，拿着一纸文凭茫然无措。那个时候，你一定要耐心。**如果你认认真真地走完了之前该走的每一步，那么你很有可能已经拥有了这种无形的软实力。**无论你走到哪里，要坚信这种软实力早晚会使你受益。天底下没有任何付出是会白费的。

当然了，这是工作了几年之后的我才会发出的感叹。当下处于毕业这个人生十字路口的我，因为前途渺茫而终日茫无头绪。我能够确定的是，我要留下来，我要找一份跟心理咨询有关的工作。但是，对于该如何从这个点走到下个点，我毫无头绪，全无信心，好像很久以来的付出和收获又要被归零了。

我抱着一纸文凭和看不见摸不着的软实力，心情忐忑地站在人生的十字路口左右张望……

我在美国读社工

时下有越来越多的人对社会工作专业感兴趣，去国外读社工专业的人数也呈直线增长的趋势，但人们依然对此专业有很多疑问和误区，所以我想和大家分享更多这方面的内容。

在切入主题之前，我想先明确两点：

1. 在美国，社会工作领域历史悠久，专业划分非常细致。美国大多数的高等院校都设有这个专业，但不同大学在专业划分上非常不同。我以下写到的专业划分是根据我所就读的圣路易斯华盛顿大学的社工专业划分所写的。如果大家想了解美国其他学校的社工专业设置，请去学校官网上查找详细资料。

2. 我本科时在国内读英语专业，只在研究生阶段读过两年的社工专业，因此我对这个专业的认识也还有很多不足。以下发表的观点和看法，全部基于我个人的申请经历、工作经历及身边同学同事的经历而写，并不适用于每个人，希望大家可以有所甄别地吸收内容。

社会工作和社会工作者

首先我想澄清一个误区，很多人以为社会工作和社会学是同一门学科，但其实它们只是两个有联系但并不等同的领域。在国内的一些大学里，社会工作被归在社会学专业下，但在美国的很多院校里，社会工作就像法学、商学、医学那样，是一个独立的学院。既然是独立的学院，其复杂的学术系统自然就可想而知了。那么，社会工作和社会学到底有什么不同呢？简而言之，社会学是研究理论的，社会工作是研究实践的。举一个非常简单的例子，如果说社会学研究的课题是"社会上到底为什么会出现贫穷这种现象"，那么社会工作研究的课题就是"我们该如何帮助人们消除贫穷"。

那么社会工作者在美国具体都做些什么工作呢？曾经有一篇介绍美国社工的文章说，每个美国人这辈子从生到死，至少会与一个职业社工打交道，这就可以看得出他们的确无处不在。在美国，职业社工的身影可以出现在医院、政府部门、学校、非营利性组织、心理咨询所、社区中心、孤儿院、慈善组织、私人机构等等。总之，根据每个社会工作者所学的专业方向，他们可以在各行各业里得到就业。

社会工作专业方向介绍

在圣路易斯华盛顿大学的社会工作学院，完整的专业方向划分分为横向和纵向两种：横向是按照服务人群和服务领域划分，纵向是按照工作类别划分。

服务人群和服务领域

按照服务人群和服务领域，社会工作专业的下属方向可以划分为六大类。

（1）儿童、青少年和家庭

这个专业方向专门研究儿童和青少年的行为与心理、他们与家人的关系以及整个家庭存在的问题等。这类毕业生未来可以在很多领域就业，如学校、孤儿院、青少年法庭、儿童医院、为儿童和青少年服务的非营利性组织等。

（2）精神健康

这个专业方向是研究人类精神健康的，部分课程内容与心理学相似或重合，这类社工毕业后大多数会从事心理咨询方面的工作。这里想特别说明一点，在美国从事心理咨询工作的人可以来自很多不同的教育背景，比如心理学博士/硕士、社会工作专业硕士或心理咨询专业硕士等。不同教育背景的人在进行心理咨询时，运用的理论基础、咨询技巧及侧重点都是有所不同的。不过，他们面对的客户都是类似的，即患有精神疾病或心理障碍、遭受过情感创伤或面临家庭婚姻问题的人。

（3）健康

这个专业方向研究的是人类的身体健康领域，毕业后可以在医院、疗养院、护理所、社区健康中心等地方寻求就业。

（4）老人学

由于美国社会日趋老龄化，对相应服务的需求也有所增长，因此老人学在近几年异常受欢迎。老人学方向主要研究老年人的心理、行为、护理，以及如何解决老年人在晚年时遇到的生活、情感、家庭等问题。毕业后就业主要在医院、老人院、护理院等。

（5）社会经济发展

这是一个相对宏观的专业方向，主要研究弱势群体及他们遇到的经济及社会问题，例如就业、温饱、健康、福利等。

（6）个性化专业方向

除了上述五种固定的专业方向外，华大社工院的学生还可以根据个人兴趣自主设计自己喜欢的专业方向，即你可以从中任意选择两种方向一起学习，只要专业意向计划书得到学院批准就可以。由于我对青少年的精神健康问题非常感兴趣，当初就选择了（1）和（2）两个方向的结合。

工作类别

横向的服务人群和服务领域说完了,再来说说纵向的专业划分。基于工作类别,社工专业可以分为三个方向:

(1) 临床类

简而言之,临床类工作涉及到与案主进行一对一或一对多的交流,主要为其提供评估、诊断、治疗等服务。

(2) 管理类

顾名思义,这个方向就是学习如何更好地完善和管理一个项目、机构或组织。

(3) 科研类

这个方向主要研究社会工作领域的项目、理论或政策,试图通过改变和优化项目、理论及政策来对某个特定的人群、社区、机构或整个社会造成积极影响。

综上所述,根据华大社工院的专业划分,社会工作的专业方向一览表请见下页(表3.1)。

社会工作专业的申请材料

美国大学社会工作专业的申请材料和其他专业一样,需要托福成绩、GRE成绩(因校而异)、个人陈述、成绩单、推荐信、简历和写作样本(因校而异)等。写作样本一般就是要求你描述一下自己对某个感兴趣的社会问题的看法及个人认为合理的解决方

表3.1 社会工作专业方向一览表

横向 \ 纵向	临床类	管理类	科研类
儿童、青少年和家庭	儿童、青少年和家庭方向的临床类工作	儿童、青少年和家庭方向的管理类工作	儿童、青少年和家庭方向的科研类工作
精神健康	精神健康方向的临床类工作	精神健康方向的管理类工作	精神健康方向的科研类工作
健康	健康方向的临床类工作	健康方向的管理类工作	健康方向的科研类工作
老人学	老人学方向的临床类工作	老人学方向的管理类工作	老人学方向的科研类工作
社会经济发展	社会经济发展方向的临床类工作	社会经济发展方向的管理类工作	社会经济发展方向的科研类工作
个性化专业方向	个性化专业方向的临床类工作	个性化专业方向的管理类工作	个性化专业方向的科研类工作

法。我申请华大社工专业硕士项目的经历在《考拉小巫的英语学习日记》一书中已经完整分享过，这里就不再赘述了。

关于社工专业的碎碎念

辛苦

在大多数美国院校，社会工作专业的硕士学位和其他专业一样，都是两年制的。可是，所规定的学分数却要远远多于其他专业，其中还包括强制的实习。因此，单位时间内的课业强度和学业压力也要远大于其他专业，辛苦程度可想而知。

"钱"途

在美国，根据你所学的专业方向、所在城市、机构规模、具体职位、当下社会经济形势等因素，社会工作硕士学位（MSW）毕业生的薪水是大大不同的。按全美平均水平来说，MSW毕业生的起薪大概是$26000~$40000左右（税前，东西两岸城市的起薪会稍高一些）。工作两年攒够3000个工作小时数后，要是可以考取本州的高级资格执照（仅限临床方向），工资可能会到$38000~$58000左右（税前，东西两岸城市的薪资会稍高一些）。和其他专业相比，这个数字可能只是别人刚毕业的起薪而已，而理工科部分专业毕业后的起薪甚至可以达到社工学生的三倍之多。不同领域之间薪资的差异可见一斑。当然了，如果社工选择在大学任教，或担任机构高管，或开设个人心理咨询室，那么长远看来，薪水也可以非常可观，但那往往需要比其他专业更长时间的积累。这么看来，社工专业的确没什么好"钱"途。

成就感

既然社会工作是一个金钱投资、精力投资、体力投资、时间投资与最终的金钱回报极不成正比的专业，那为什么还有这么多人义无反顾投身其中呢？**因为社会工作是一个极富精神回报的领域。**研究证明，社工专业毕业生对自己生活的幸福感常年排在所有专业的前十名。多年从事这份职业的社工最大的感触是，虽然他们付出了很多，但得到的成就感也是最强的。点滴付出，也许就会改变一个陌生人的生活。这样的精神回报，是无法用金钱衡量的。

记得社工院的老师曾讲过这样一个故事，说两个伙伴在沙滩上散步，沙滩上躺着很多海星无法回到海里。其中一个人走上前去，将一颗海星捡起来扔回了海里。另一个人对他说，伙计，你别傻了，这么多海星，你救得过来吗？那个人说，虽然我无法拯救所有海星，但只要我救一个，至少我就能改变那一颗海星的命运。社工就扮演着这样的角色。虽然他们无法像国家总统那样有广泛的影响力，也没法像科学家那样改变人类的命运，但他们可以从点滴中影响甚至改变个体的生活，积蓄起来就是一股强大的力量。

总之，如果你打算将来投身社工领域，请一定要保证自己是因为真的深爱它而选择它，否则恐怕会因为太辛苦而无法坚持下去。如果你是因为热爱它而投身其中，那么相信再苦再累也是值得的。人生短短几十年，为什么不做一些自己真正热爱的事呢？在此，向所有社会工作者致敬。

第 4 章
找工作历险记

2011年1月 — 2011年8月

我曾经以为找工作的第一步是写简历和求职信，后来才发现，明晰自己的专业方向、职业兴趣并分析市面上的现有职位才应该是第一步。

......

　　你本身就拥有的那些东西，才是你的核心竞争力。

......

　　当一个人觉得快要失去方向时，要懂得学会如何聆听自己内心的声音。

我的核心竞争力是什么

　　我在美国找工作的过程分为两个阶段：毕业前和毕业后。为了弥补自己作为国际学生的弱势，我其实在毕业前的暑期就已经开始着手找工作了，试图通过提前努力为自己在这场艰苦的持久战中占领先机。那时的我，和其他成千上万的应届生一样，只要一提到"找工作"三个字，就会下意识地联想到"做简历"、"写求职信"和"海投"。我以为，只要简历做得够闪耀，求职信写得够诚恳，海投的数量足够多，那么获得一份工作应该不是大问题。

　　秉承着这种原则和精神，我自以为胜券在握地投入到了找工作之战的第一回合。撰写简历，修改求职信，寻找推荐人……我一丝不苟地走完了每个环节。虽说是一丝不苟，但因为以前从没

第四章

写过英文求职信,所以当时参考了很多网上搜索到的模板,我只是在这些模板的基础上做了些许修改,便觉得心满意足了。之后,我跑到各大招聘网站上,凡是看到要求社会工作硕士学位的招聘启事,就一股脑儿地把自己的资料海投出去,根本没有花时间仔细研究自己是否和这家机构的职位契合。很多求职申请寄出去之后,由于学业繁忙,我根本没有打电话去跟进,只是一味地被动等待而已。

可想而知,这样仓促盲目而又十分制式化的求职是不会有乐观结果的。不出所料,我投递的所有求职申请,大概有百分之九十都石沉大海杳无音信了,另外的百分之五以我没有工作经验和行业执照拒绝了我。唯有一个机构说愿意在毕业后聘用我,但他们的职位却只是一个仅需在夜间或周末去替班的临时社工岗位而已。

因此,我在毕业前为求职付出的所有努力都付诸东流打水漂了。也正是因为有了这次失败的经历,我在毕业后很长的一段时间里,又一次陷入了之前那种迷茫和自卑的情绪。毕业就是失业,对我来说,果真如此。因为没有了固定的作息,我像游民一样开始过上了昼夜颠倒的生活。上网、看书、睡觉、玩游戏……时间过得飞快,看着一页又一页被撕掉的日历,心里像是被掏空了一样冷清清空荡荡。为了重新找回生活的重心,我开始给自己找事情做。我的第一本书《考拉小巫的英语学习日记》就是在这段时间完成的。

书稿完结之时，窗外的知了已经开始鸣叫了。我每天不停地刷着Facebook，看到当时和我一起毕业的同学们都已经纷纷上岗入职，在家久坐了近半年的我终于爆发了。其实那时我一直都不知道自己为什么会对"工作""上班"这样的概念如此恐惧，现在回想起来好像才隐约明白了一些。

诚实地说，在六岁到二十六岁的整整二十年里，我一直都生活在象牙塔里。除了几份十分短暂的实习以外，我从小学中学读到高中大学，再读到国内外的研究生，其间从来没有过任何正式的全职工作。正是因为从未正式踏足社会，我才打心眼儿里对未来的全职工作感到恐惧。没有什么事情要比未知更让人缺乏安全感了。虽然我很渴望拥有一份工作，对个人的职业兴趣也十分明确，但不知道为什么，当我终于脱离痛苦的学海后，站在人生路口的交叉点时，却站在原地忐忑得动弹不得。

找工作这件事本就非常令我害怕了，更不用说现在是要在美国找工作，仿佛我昨天才刚刚适应了一个角色，今天就要挑战更高难度的新角色了。几乎从我刚到美国的第一天开始，各种关于国际学生在美国找工作难的传闻就不绝于耳。经济萧条、竞争激烈、语言障碍、身份限制等种种因素，纷纷变身为各种异怪奇兽，虎视眈眈地挡在留学生在美求职的道路上，使来者各个畏缩不前谈虎色变。

第四章

虽然在美国读书的这两年里，我从语言能力到专业知识上已经有了很大的进步，但好像依然还是没法在潜意识里彻彻底底地甩掉"我是外国人"这个莫名的心态。它就像一根隐形的绳索一样，我想要飞翔却被束缚住双臂，想要飞奔却被捆绑住双脚。每当我想要为找工作做出努力时，就会听到心里的隐形小人质疑道："你到底凭什么跟美国人竞争？"是啊，论专业背景，我是半路出家；比语言能力，我是班门弄斧；拼职场经验，我是初出茅庐。那么，要想在美国职场立足，我的核心竞争力到底是什么？

在一次和妈妈的通话中，我向她倾诉了对未来的迷茫、对现状的焦虑和对自身的不确定。我跟她说，在看似强大的美国求职者面前，我完全无法从自身找到一样东西可以让我立足，我不知道自己该怎么做才能变得像美国人那样强大。妈妈听了我的困惑后扑哧一下就笑了。她很认真地对我说："**孩子，你现在所有的困惑都来自于你对自己的否定。一个人如果总是否定自己，就永远都没法看到自己的闪光点。你不能否定自己，因为只有把你身上那些无论是好是坏的东西拼合起来，才能构成完整真实的你。你根本不需要考虑该怎么做才能像美国人那样，你只需要考虑该如何做回真实的自己。你本身就拥有的那些东西，才是你的核心竞争力。**"

妈妈的话让我陷入了一阵沉思⋯⋯那些我"本身就拥有的"东西，到底是什么呢？

我想，首先我拥有一颗乐于助人的心，这是我选择社会工作这个领域的原动力。我渴望帮助别人，尤其是青少年。他们对于我来说，就像是一本本耐人寻味的书，我迫不及待地想去读懂他们。我渴望用我所学到的专业知识去修复他们心中的伤痛。我真心因为他们的快乐而欣慰，悲伤而心痛。因此，这颗真实真诚的心，就是我所拥有的最重要的东西。我选择心理咨询作为未来的工作领域，也是因为这份热忱和执着，而不仅仅因为我需要一份工作。

其次，在这个国家，我的身份是一名国际留学生。我曾经一直以为这个身份会让我在找工作的过程中处处吃亏，但现在细细想来，情况可能并非如此。任何事情都是有利有弊的，关键要看你如何去解读它。虽然国际学生这个身份有很多弊端，但同时它也让我拥有了美国人本身并不具备的优势。

例如，这段留学经历使我拥有了在两种文化中学习和生活的宝贵经历。现在的我可以在短时间内迅速适应不同环境中的文化和语言，这种快速适应能力可以帮助我比别人更快地适应未来的新岗位。此外，社会工作领域的特殊性要求在岗人员对不同文化和不同人群具有极强的包容心。正因为我曾在不同文化中生活过，我就更可以以平等包容的心态看待其他问题。而且，我还可以把本民族优秀的文化理念运用到将来的工作中，为未来的团队提供认识和解决问题的全新视角。

想到这里，我突然发现，在找工作的过程中，我其实根本不必去淡化自己国际学生的这个身份。相反，我应该突出这个身份，因为这才是我与其他求职者的不同之处，是我的核心竞争力之所在。**当你因为某个特点而无法被他人替代时，你才有机会被注意到，才有机会成功，这种成功才可能持续得更久。**想通这件事后，心里突然有种拨云见日的感觉。虽然我并没有取得任何实质的进步，但内心仿佛已经不像之前那么焦灼了，对未知的未来也多了一丝把握和信心。七月份的时候，我终于结束了漫长的休眠，打响了找工作之战的第二场战役。

求职博弈论

凭借着渐入佳境的心态，我用了一个月的时间顺利考取了初级临床社工执照，这个执照在很大程度上提升了我在求职浪潮中的竞争力。这一回合找工作，我决定要彻底颠覆自己对求职的固有概念，从根本上重新审视"做简历"、"写求职信"和"海投"这三件事。我要拿出当初制作留学文书时的工匠精神，死磕求职过程中的每一环节。

我曾经以为找工作的第一步是写简历和求职信，后来才发现，明晰自己的专业方向、职业兴趣并分析市面上的现有职位才应该是第一步。拿英语专业的毕业生来举例：虽然你拿的是英语专业的学位，但毕业后其实可以从事很多工作——教师、翻译、出版、营销、广告、导游等等。这样看来，英语专业毕业生在求职时好像可以像八爪鱼那样灵活，可实际情况却并非如此。如果不对个人兴趣、自身的优劣势以及不同职位进行详细分析，那么很可能事倍功半。求职就像一场博弈一样，只有尽量做到知己知彼，才能胜券在握。

之前，我已经在"知己"方面做足了功课，现在我应该更加"知彼"才对——**我必须得弄清楚市面上现有的职位到底有哪些，他们是些什么样的公司，分别需要怎样的人才**。在各大招聘网站上进行了很久的搜索后，我发现在美国，社会工作专业硕士毕业生（这里仅讨论密苏里州临床方向的情况）能做的工作基本可以分为两大类：一类是个案管理，另一类就是临床心理咨询。通常情况下，前者属于大多数社工应届毕业生的入门级工作，后者相对来说则需要申请人有一定的临床工作经验。

根据个人兴趣，我给这两类工作排了序：心理咨询类工作排第一，个案管理类排第二，其余零散工种排最后，以防不时之需。在上次失败的求职经历中，我并没有进行这样的排序，因此对所有职位都一视同仁，全无主次，效率极低。这次找工作，我打算把70%的精力和时间分配到心理咨询类职位，25%的精力和时间分配到个案管理类职位，剩下的则可以放在海投一些临时工职位上。

制订好这套求职战略后，我眼前的目标就非常清晰了。我从网上精心筛选出了一份自己非常感兴趣的临床心理咨询师职位，认真浏览了招聘机构的官方网站后，结合个人兴趣和专业背景撰

第四章

写出了针对性极强的简历和求职信。我觉得，在写简历和求职信的时候，只是格式化地简述自己的背景和求职意向并不能算是优秀。**真正优秀的简历和求职信，一定要格外强调你从之前的经历中获得了怎样的能力，而这些能力是如何使你成为这个职位的有力角逐者的。你强调的这些能力，必须要尽量和对方招聘职位中需要的能力相匹配。**

对我来说，因为我的临床心理咨询经验有限，而且只有初级行业执照而已，所以我在求职信中重点突出了在巴恩斯医院的实习经历，以及我从这份经历中获得的临床能力。此外，我还强调了自己是如何在短期之内成功考取初级行业执照的。言下之意是，只要给我机会和时间，两年之内我一定可以攒够3000个工作小时数，并顺利拿到高级临床社工执照。

因为实在太喜欢这份工作，我对简历和求职信里的每个词都格外苛刻，写了又删，删了又写，前前后后，修改出好几个版本。每当写完一稿以后，我就会以HR的角度重新审阅自己的作品，看看如果我是HR，是否会被打动，是否会有冲动约这个人来面试。如果没有的话，就会彻底推翻重新来过。虽然我的目标只有这一份职位而已，但正是因为它既是我想做的，又是我能做的，我才更要下功夫去把这份申请做到完美，争取弹无虚发，百发百中。我想，与其糊里糊涂海投五十个职位试图以量取胜，还不如认认真真完成一份求职申请，从而以质取胜。

终于提交出这份求职申请之后，我便开始着手进行第二梯队的职位申请——个案管理类工作。个案管理和心理咨询的工作有很大不同，对应聘者能力要求的侧重点也有很大差异，所以我打算重新制作求职文书。在网上筛选出大概七八份个案管理工作的招聘启事后，我开始重新撰写简历和求职信。说实在的，经历了第一回合的失败后，我就再也不相信世间有所谓的"百搭"简历了。无论是什么职位，我都会根据招聘启事中的具体要求，对简历和求职信做出相应调整，力求雇主所需要的就是我给他们展示的。无数轮修改后，我终于依次把这七八封申请提交了出去。

一个HR曾经告诉我，70%左右的美国求职者投出简历后是不会打电话跟进的，这种行为无异于你任由自己的申请石沉大海。所以，与上次求职过程不同的是，这一次我每提交一份申请，都会在三到五天后主动打电话跟进。通过电话跟进，我不仅可以询问对方审核申请的进度，更可以使对方有机会更直观地了解到我。说实话，有时我担心由于我是外国人，对方就会下意识地低估我的英文沟通能力。所以，和HR通电话不仅可以让对方更直白地了解到我的英文水平，而且还相当于为自己争取了一次小型电话面试的机会。

其实，无论在哪里找工作，激烈的竞争都不可避免。要想在大浪淘沙中脱颖而出，就必须勇于通过各种创新行为把自己和他人区别开来，让招聘者记住你。在一局博弈中，很多情况都是你

第四章

无法控制的，比如HR到底是什么样的人，或其他竞争者到底有怎样的实力等。你唯一能控制的，只有你自己。所以，在对竞争者一无所知的情况下，唯有强大自己，完善自己，才能提高胜算。

高手比拼的情况下，人和人之间的硬实力其实是不相上下的，唯有软实力的细微差别才可能成为最终决定成败的关键因素。 因此，除了定期打电话跟进申请外，凡是用电子邮件提交的求职申请，我之后都会用精美的稿纸打印一份简历和求职信，用纸质信件的方式给对方邮递过去。每次进行完面试后，我都会寄一张感谢卡片过去。实际上，后来证明这些小细节的确在很大程度上让对方记住了我，因为之后有好几个HR在谈话中都提及了我寄的感谢卡片。他们认为从这些小细节中，可以看出我是一个做事非常用心的人，说我的这份细心不仅体现了我对他们机构的喜爱，将来也会体现在我和客户的相处上。

不过话说回来，不同的HR性情不一，喜好不同。虽然有的人会因为这样的做法对你印象深刻，但也不排除其他人会觉得你像跟踪狂一样疯狂，甚至有些HR连打电话跟进这样的举动都会觉得反感。因此，在求职过程中一定要懂得视情况选择战略，并要学会拿捏尺度。

后来，我申请的职位渐渐多了起来，为了帮助自己更好地跟踪每份工作的申请进度，我在电脑里创建了一个Excel表格，把诸如公司名称、职位名称、职责简述、联系人信息、重要日期及申请进度等信息通通写了进去。有时突然接到一通电话，可能没法立刻反应过来它具体是哪家公司的哪个职位，这时只要调出这张Excel表格，扫一眼之后就立刻心中有数了。

就这样，我按照当初制订的求职攻坚战的计划，稳扎稳打地度过了两个星期。虽然执行层面上的很多事情都如期完成了，但每天的情绪都会跟着找工作的进度起起落落。每当接到电话或邮件回复时，我的心情就会像直冲云霄的过山车一般。可每当我不管怎么跟进都收不到对方的一丝讯息时，之前大好的心情就会跌至谷底，一瞬间仿佛看不到任何希望……

那段时间里，自信心真的是一种稀缺资源。我开始害怕自己找不到工作，害怕和妈妈打电话，害怕她会问我"最近工作找得怎么样"，因为我根本没有一个令人满意的答案。在所有申请都仿佛石沉大海的那几天里，我甚至有想过转行，或者重读一个学位，但是发现其他任何选择都不会让自己真心快乐以后，就又不得不咬着牙继续撑下去。

我越来越发现，没有一件事像它看上去那么容易。无论我选择走哪条路，都一定会遇到那条路上随机自带的困难。比如说，去做翻译一定不会比做心理咨询更容易，回国找工作也不见得就比在国外找工作更轻松。如果我因为害怕困难就放弃A而选择B，那么早晚有一天，我会再一次因为同样的原因而放弃B去选择C。这样的话，我这辈子早晚会吃半途而废的亏。**一条路如果你不把**

第四章

它走到头，是永远都看不到路尽头转角处的美景的。

就这么想着，我硬着头皮熬过了一天又一天。正当我以为自己这一轮的付出又要付诸东流的时候，期盼已久的电话铃声终于响起了。

电话那头热情洋溢地说，我们认真地审核了你的申请资料，你来面试吧……

面试这关怎么闯

第一家约我面试的机构正是我之前实习过的巴恩斯医院，这是一个急诊室里的个案管理员的职位。当时我真的兴奋极了——我在美国找工作的第一次正式面试，竟然就是我无比熟悉的老东家，真是天助我也！我暗自窃喜地想着，巴恩斯医院我很熟悉，而且面试官中有两个人是我之前实习时就认识的，所以他们应该不会为难我吧。于是，我怀着天真幼稚不切实际的心情，在完全没做准备的情况下，就去参加面试了。

会议室对面坐着五个面试官，稍许寒暄后，正对面的大领导开始发问了："你曾经在精神科实习期间表现非常优秀，但这次的职位是一楼急诊室的个案管理。你对急诊室的工作了解吗？"听到这个问题，我心头一紧，由于之前全无准备，因此大脑瞬间一片空白。这时，各种美国医务剧的桥段顿时涌入脑海，我开始毫无章法地东拼西凑。面试官们听完我连编带猜的答案后，彼此面面相觑。尽管我又生硬地强调了自己的适应能力很强之类的，对方还是一脸很难被说服的样子。

之后，护士长和楼层主管给我出了很多情景题，问我要是出现这样的情况会怎么处理，要是遇到那样的状况会如何判断等等。说实话，那些情景对我来说都是很陌生的，我不但从来没有亲身经历过，甚至连想都没有想到过。由于我本身对个案管理的工作并不是很熟悉，回答起来好像全无重点。就这样，在我绞尽脑汁的"创意"回复后，这次面试草草收场了。

不出所料，第二天我就被拒了。

即便它并不是我的心仪工作，我还是因为面试首战失利而灰心丧气。颇具戏剧性的是，几乎在我刚刚读完拒信时，电话铃声就又响了起来。竟然又是一个面试通知，而且这次竟然是那份我最心仪的心理咨询师的职位！当时我完全不敢相信自己的耳朵，回过神后赶快满心欢喜地和对方敲定了面试时间。放下电话后，我感到浑身血脉沸腾，之前的失败情绪还没消化掉，就立刻涌来了一股暖潮。打你一巴掌，再赏你个糖豆吃，这种感觉实在太折磨人了。那种情绪的大落大起，现在想来还记忆犹新。

不管怎么说，我终于又盼来了一个面试，而且这次是我心中的完美工作！由于我只申请了这一份心理咨询师的工作，因此我必须要牢牢把握住这次机会！

有了上次失败的面试经历后，这次我一定要做到有备无患，绝不能再打无准备之战。在准备面试时，我采取的政策依然是"知己知彼"。虽然之前在投简历时，我已经对这家机构有了一定的了解，但现在要和他们面对面了，我觉得我对他们应该有更深入更全面的认识才行。于是，我把他们的官方网站又认真地读了一遍，机构历史、服务宗旨、服务设置、客户群体、年度财务报告、人员组成等一个都不落，就连网页上的客户故事都没放过。凡是官网上看到的东西，我不但把它们全部读熟记会，还练习了如何用最简单的英文进行复述，以备不时之需。

百分之百做到"知彼"后，我开始为面试问题做准备。起初，我使用了最为笨拙的方法，即去谷歌上搜索"经典面试问题"，并把搜索结果里前十页的所有文章一字不落地读一遍。我把这些文章里提到的经典面试问题一一罗列下来，并进行分类排序。之后，我又在YouTube上进行了同样的搜索，并把搜索结果里前十页的所有视频都认真地看了一遍，同时做了详细的笔记。很多视频非常详细地讲述了面试问题的回答技巧，诸如该如何回答"请介绍一下自己"、"你为什么申请这份职位"、"你的优缺点分别是什么"等问题。即便这些问题看上去很简单，但要想精彩作答其实并非易事。

看了那么多YouTube视频后，我学到了两点在面试过程中至关重要的东西。首先，**回答面试问题时，一定要用具体实例来支撑你的论点**。例如，如果面试官问你最大的优点是什么，你如果只是说"我适应能力强"或"我工作效率高"，这样的答案会显得十分空洞，毫无说服力。如果可以适当补充一两个简短有力的实例来印证你的观点，那么你的答案就会非常与众不同。

这样做的好处有二：第一，有了具体实例的佐证，你的观点会更容易让人信服。每个人都可以说自己适应力强或工作效率高，但只有恰到好处的例子才能让面试官对你记忆犹新。第二，通常情况下很多人都喜欢听故事，你要是能给面试官讲讲自己过去的故事，不但可以吸引他们的注意力，还可以使单一紧张的问答式面试，变为轻松活泼的聊天式面试。

需要注意的是，要想成功用实例印证自己的观点，不仅要挑选十分典型且贴切的例子，还要在叙述实例时做到言简意赅。如果例子没举好，或是陈述时语言啰唆冗长，很可能会弄巧成拙。

我从YouTube视频中学到的第二个关于面试的重点，是和应聘者的心态有关的。长久以来，我都把面试想成是一种他问我答的拷问式经历，越是如此就越会紧张，越紧张就越会影响当下的发挥。可是，很多YouTube视频中解读面试奥秘的人都说，**真正能够迈入面试一轮的应聘者，在实力方面其实是不分伯仲的。最后能被录取的幸运儿，往往是那个和面试官之间产生了"化学效应"的人。**可想而知，在两个势均力敌同等优秀的人之间，要是你来做选择，也一定会更倾向那个在性格上能和公司文化更契合的人。

第四章

这样想来,如果面试时的气氛是严肃、尴尬、紧张别扭的,恐怕结果也不会乐观。相反,如果能真诚地把面试官当成一个普通的陌生人,想象你只是要利用这个机会让对方充分了解你,把面试中的每轮谈话都当成是两个有着共同兴趣(即这份职位)的人的愉快聊天,那么你就不会那么紧张了。这样做不但可以营造一种轻松愉悦的谈话氛围,更可以充分发挥自己的水平,展示自己的人格魅力。

因此,结合从视频中学到的这两点建议,我对文档里罗列的大概五十道面试问题进行了详细的回答。每个问题我都会用具体真实的实例去支撑,并尽量用简洁易懂的英文进行表述。此外,在上次失败的面试经历中,我被很多情景题难倒了。这次为了做到有备无患,我便充分发挥想象力,天马行空般地臆想出来了各式各样的情景题。例如,你和领导的想法有冲突,你会怎么办?你的客户突然打电话说她想自杀,你会怎么办?向你咨询的一对夫妻突然在你面前大吵起来,你会怎么办?设计完这些情景题后,我认真地写下了自己的答案,同时尽量将答案与我过去的经历相结合。

把所有答案都用英语写得如此详细是有原因的——我必须非常用心地练习,才能在面试中看起来像是毫不费力。要想和英语是母语的美国人一起去竞争这样一份如此看重说话技巧的职位,这是当时我可以想到的唯一能够保我胜出的办法了。虽然这种方法听上去可能显得有些蠢笨，但我觉得对我来说是非常值得的。

面试前一晚，我独自在书房练习了三个小时左右，凡是我在文档里准备了的问题和答案，都已经练好背熟对答如流，里面配的所有例子也已经烂熟于心。所有的一切都准备好之后，我用精美的信纸额外打印了两份简历和求职信，打算第二天带过去，以防万一。确保所有的东西都万无一失后，我才小心翼翼地睡了过去。

睡梦里，我仿佛一直都在想，老天爷啊，请你一定保佑我拿到这份工作吧，因为我真的已经尽力了……紧接着，我好像隐约地看到了面试官，她严肃地站在我对面，脸上面无表情。她的嘴巴一直在动，一个又一个问题抛向我，我却听不到任何声音，顿时急得满脸通红。正要上前搞明状况时，耳边突然响起了嗡嗡的震颤声。

睁眼一看，原来是手机闹钟响了。

竟然已经天亮了。

面试就在今天。

这一关，我到底能闯过去吗……

面试实录

睁眼时已经八点整。面试安排在十一点半。

几乎从起床的一瞬间开始，我的神经就进入了高度紧绷的状

第四章

态。老公给我做好了早餐,但我根本无心吃饭,随便啃了一颗鸡蛋后,就跑到外面去练习面试问答了。再一转眼,已经十点半了,两人火速穿衣出门,按时到达了面试现场。

这家机构的楼从外观看上去并不大,但进去后才发现它里面像个巨大的仓库,密密麻麻布满了一个个小隔间。我紧张地在前台旁的凳子上坐定,频频深呼吸试图让自己静下心来。刚坐下后没几分钟,人事经理就准时出来迎接我了。她把我招呼进了一间会议室,让我稍作等待。虽然我只等了大概三分钟,但那可能是我人生中最漫长的三分钟了……周围安静极了,我忐忑地等待着,双手紧抠着大腿,一呼一吸都觉得特别刺耳。

没过多久,会议室陆续进来了三个人:一个是机构副总裁,是一位身披齐腰银发的白人老太太,看上去十分和蔼可亲。跟在她后面的是项目主管,也是一位白人老太太,因为留着精干的短发而和前一位形成了鲜明对比。最后进来的就是人事经理了,她看大家都准备好之后,便随手把会议室的门带上了。那一刻,我的心好像要从嗓子眼里蹦出来了。

我朝着她们仨热情地微笑,正要开口问好时,短发项目主管抢先开口说道:"对不起,最近我们机构的心理咨询师们正在进行TFCBT的培训,刚才的培训会议结束得有些晚了,所以我们才迟到了三分钟,真的很抱歉,请你见谅。"

听到TFCBT这个关键词的一秒,我头脑里的电灯泡瞬间被点亮了！TFCBT是英语Trauma-focused Cognitive Behavioral Therapy的英文缩写，中文意思是创伤后应激障碍的认知行为学疗法，它是专门针对青少年情感创伤的一种心理疗法。记得在研二选修认知行为学课程时，老师还推荐大家去做TFCBT的网络培训。正是因为当时我做了这个网络培训，才对它略知一二。后来在医院实习时，又带过认知行为学的团体治疗课程，所以才对它更加感兴趣了。

因此，听到项目主管提到TFCBT这个关键词的时候，我赶快接话告诉她我做过TFCBT的网络培训，而且实习时还独自带过认知行为学的团体治疗课程。说到这里，我随即拿出了之前准备好的资料进行印证——即TFCBT的网络培训证书，以及在医院实习时我自己制作的认知行为学团体治疗教程。说实话，当时德国主管提议我做这份教程时，我还有些不情愿，觉得工程太大，难度太高，后来是牺牲了很多休息时间才勉强完成的。没想到，在无数个日夜后的今天，这份资料竟然在如此重要的场合派上了用场。**这就再一次证明，没有任何付出是会白费的，只要足够用心，早晚有一天会得到回报。**

看到我准备的资料，项目主管一脸惊诧，赶快拿过去开始认真翻看。当时，她的眼睛里好像都闪着光，乐得合不拢嘴，连声称赞。我的心里立刻乐开了花。趁她阅读我的资料时，我便开始介绍在巴恩斯医院的实习经历。我一边讲，她们一边认真地倾听着,中间自然地穿插着一些问题。面试,就在这样轻松愉快的聊天氛围中开始了。聊着聊着,大家都入了神,过了很久以后,项目主管才笑着说道:"跟你聊得这么开心,我们都忘记让你做自我介绍了。你简略地介绍一下自己吧。"经典面试问题一,中了!我一边胸有成竹地微笑着,一边若有所思地在脑海中寻找答案,然后有节奏地把事先准备好的答案清晰自信地讲了出来。

面试越深入,我越惊喜地发现,无论是项目主管问到的微观问题(如临床工作经验和情景题),还是机构副总裁问及的宏观问题(如为何申请这个职位,对这家机构的了解,个人职业规划等),没有一个是逃出我的准备范围的。每当她们的问题一出口,我发现完全是我准备过的,便在心里偷笑着呐喊"YES"。虽然看上去我好像是在嗯呀啊呀地组织语句,但完整的答案其实早就在我心里了。每当我用一个个有趣的例子去补充答案时,就会看到对面三双好奇的眼睛迫不及待地期待着故事的结局。她们会跟着我的叙述一起进到故事的情境中,会因为感动而大发感慨,因为有趣而放声大笑。当下,我感觉我已经慢慢掌握了整场面试的节奏。

说来也怪,当时我不但不觉得紧张,反而越聊越兴奋。除了事先准备的内容外,我竟然还临时想到了很多想说的话。我诚实地告诉她们,虽然我是中国人,英语不是我的母语,但过去两年的留学经历让我变得越来越强大。无论曾经遇到过多少困难,每一次我都坚持了下来,从来没被困难击垮过。因此,哪怕这份工作可能是一段过山车般的经历，我对它也依然怀着坚定的信心。我相信我一定能胜任这份工作，并成为一名出色的心理咨询师，因为支撑我的是我的兴趣和信念。虽然我的竞争者都是美国人，但我相信我比他们任何人都更加热爱这份事业。只要是为了梦想，没有任何东西能够阻挡我前进的脚步。

我激情澎湃地描述着自己对梦想的热爱和坚持，似乎都快要忘记这是一场面试了，当下的场景更像是我的一场小型个人梦想分享会。我的"励志演讲"结束后，对面三个面试官惊讶地看着我。随后，项目主管大声地感叹了一句："我实在是太欣赏你了！"紧接着，人事经理问了我三个问题："你对工资有什么要求？你对福利有什么要求？你几号可以开始正式上班？"

听到这里，我的内心连声呐喊了三个"YES"！

当时我的心里已经有八成胜算了，因为自己好像这辈子都没经历过这么让人舒服的面试。我想，如果我对一件事有好的感觉的话，那么对方可能多半也会感觉如此。面试结束后，我走出大楼，低头一看手机，本来计划要进行四十五分钟的面试，竟然整整花了一个半小时。一直在外面耐心等待的老公看到我出来了，激动地冲上前去。我完完整整地向他描述了面试的全过程，跟他说我感觉有戏，然后两人满怀信心地拥抱在一起，仿佛已经得到了这份工作似的。

可是，我的感觉到底准确吗？

第四章

至此，我能付出的已经全部付出了，事情的成败现在全掌握在对方手中。每当一件事不由我掌控的时候，我就会不由自主地慌张。一颗心悬在半空中，那种不上不下的感觉，难受极了。

接下来要面对的，就是那件我这辈子最讨厌的事情——

等待，漫长的等待……

又一次听到梦想成真的声音

总听人说，聪明的人应该懂得如何在"专一"和"不在一棵树上吊死"两者之间找到一个平衡点。因此，即便我很钟意这份心理咨询师的工作，也觉得自己表现得很不错，但在那之后的几天里，我还是尽量说服自己沉下心来，继续完成之前未完成的其他申请。没过多久，我之前提交的几份求职申请便陆续有了回应，接连几天都在忙着进行各种面试。

当时出现了一个让人十分进退两难的状况。经过了近一个月的求职历程，我收到的第一封录取信，竟然是来自一家招聘个案管理员的小机构，他们希望我在三个工作日内给予他们答复。眼看三天的期限快要到了，我最心仪的机构却依然杳无音信。我到底该怎么办呢？如果为了等待心仪工作的录取结果而拒绝了现成的offer，万一最后落个两头空怎么办？或者，如果我知趣地接受了这份工作的录取，万一最后心仪工作也要了我，岂不是要和梦想工作擦肩而过？一时之间，这种难以取舍的状态让我感觉像是热锅上的蚂蚁一般焦灼难耐。

当你感到被现状所困而找不到出路的时候，一定要向比自己有经验的人寻求帮助。想到这里，一个人的形象突然浮现在了我的脑海里。他是我在医院实习时结识的一个好朋友。他叫Randal，六十岁左右，是医院的神职人员。由于工作原因，他总是特别乐于陪别人聊天，尤其喜欢聊一些有关人生的哲理问题。在我看来，他是一个真正的智者。每当我因为各种困惑去找他倾诉的时候，他的话总能像扫帚一样为我扫去心灵上的灰尘。

因此，当下我立刻拨通了他的电话，告诉他有一件事让我很难抉择，想向他请教，问他是否有时间。他干脆地给予了肯定的答案。一个小时以后，我俩同时出现在了巴恩斯医院楼下的公园里。不需寒暄，直切主题。我开始详细向他叙述目前求职路途里的困境，以及面临两份工作的艰难抉择。

我边讲，他边全神贯注地倾听着。当时，他的眼睛注视着地面，只是把耳朵支过来，一边听一边眯着眼睛微笑，并随着我的倾诉有节奏地点着头。我说完后，他扭身看着我，说："Joy，你刚才的叙述中，说了太多'大家'的观点和这两份工作的硬性比较。我不想听这些，我只想听你内心里的真实想法。你心里最想要的是什么？跟我说实话。"我一怔，停顿了几秒钟，然后脱口而出："其实，可能是因为我太在乎这份心理咨询的工作了，所以心里已经装不下其他工作了。"听罢，他笑着对我说："看，你

第四章

心里已经有答案了。"

我又是一怔。

Randal告诉我，当一个人觉得快要失去方向时，要懂得学会如何聆听自己内心的声音。他说，人其实是有六官的，除了普通的五官之外，还应该加上心灵。当你焦虑、担忧、不确定时，应该静下心来用这第六官仔细聆听，就会发现其实心中自有答案。**大脑虽然是人生旅船的发动机，但只有用心灵来做导航仪，才能保证你不在人生的旅行中迷失方向。**

就这样，我们绕着花园走了一圈又一圈，聊了整整一个下午。从工作选择，聊到人生梦想，继而谈到了生命的意义。聊得累了，我们便找了一条长椅坐下来。刚一坐下，他的手机就响了。他接电话的时候，我便无聊地摆弄着自己的手机，这才突然发现手机上有一个未接来电和一条语音留言。我赶快调出语音留言收听，竟然是心仪机构的人事经理打来的！我瞪大眼睛竖起耳朵又认真地听了一遍。可是，她的措辞绕来绕去，太过激动的我根本不确定她到底是什么意思。

Randal刚挂了他的电话，我立刻激动地对他说："天啊，他们来电话了！你快听听，他们到底什么意思？"我把手机递到他的耳边，他的眼睛继续目不转睛地注视着地面，表情严肃地认真倾听着。听着听着，他的眼神好像流露出了一丝笑意。又过了几秒，他的两个眼睛渐渐地笑弯了。再过几秒，他的整个脸都浮现出了那个我无比熟悉的弥勒佛般的微笑。他的那个微笑，我这辈子都忘不了——那就像是爷爷终于得知孙女平安到家后的释然的笑，又像是爸爸第一次看到女儿走路时的喜悦的笑。各种笑意，汇聚在他的脸上，阳光映射上去，像极了教堂墙壁上挂着的玻璃彩绘。

听完留言后，Randal抬起头兴奋地对我说，他们想要你。我激动地问你怎么知道？他说，这位女士留言时声音有些颤抖，因为她担心你会拒绝这份工作。我崩溃地说，天啊，我怎么可能拒绝？我巴不得要去呢！他摇摇头说，不不不，一般雇主对自己最钟意的候选人，都是非常谨慎的，生怕对方被别人挖走。所以，我该提前祝贺你才对喔，你看，刚才还阴云密布，现在已经拨云见日了。

那一刻，我的心情真的是无法言喻。看着Randal那张充满喜悦的脸，我难以置信地用双手捂着嘴，眼泪瞬间从眼眶中倾泻下来，顺着指缝流到了胳膊上。没过多久，眼泪和鼻涕就混淆不清地挂满了整张脸，尴尬万分。但是，当时我根本想不了那么多，我能想到的就是，我的梦想实现了！现在想来，我实在是太滑稽了，自己还没跟对方确认，我到底流的是哪门子泪啊？但当时的我实在太激动了，太兴奋了，经历了那么多天未知的等待后，终于等来了这一刻！

又一次，我真真切切地听到了梦想成真的声音……

之后，我以迅雷不及掩耳之势和人事经理进行了约谈。谈工

第四章

资、谈福利、办手续、签文书，一切都显得那么顺利。最后的最后，所有入职手续都已办妥后，人事经理站起身来开心地握着我的手。我看着她的脸，突然感觉那一幕和数天前的梦境一模一样。当时，她就那样静静地站在我的面前，脸上却露着灿烂的微笑。我看着她的嘴，竟然可以清晰地听到她说的每一个字："欢迎你加入我们的团队！"

那一刻，时间仿佛停滞了。过去几年在我身上发生的一幕幕，像微缩电影一样在脑海中迅速回放——第一天来到美国，盘中生硬的面包片，多半听不懂的课程，午夜独自流下的眼泪，一路以来经历的每个小失败，和每次失败之后像豹子一般冲出去的身影……这一桩桩一幕幕连接起来，把我带到了今天。各种艰难和不易，自己心里最清楚。

临走时，我试探地问了人事经理，这份工作当时到底有多少人申请？人事经理拍着我的肩膀说："一共收到68份在线申请，我们面试了14个人，你是里面最棒的！"

内心又一次抑制不住地呐喊着"YES"！

当我第二次走出这栋大楼时，外面正在下着倾盆大雨。我跳跃着跑到车里，地上的雨水溅在身上都丝毫不觉得有任何凉意。千斤重担从肩头卸下，我浑身都感觉轻松极了。虽然这份工作的工资很是微薄，但我还是因为终于做上了自己真心喜欢的事而兴奋不已。开车回家的路上，碰巧是交通高峰，加上正在下雨，高速路上堵得水泄不通。但是，路堵心不堵，那一秒，我觉得眼前看到的一切都是不可多得的美景。就连平时厌烦的音乐，今天听上去都觉得如此动感。

回到家后，我迫不及待地拨通妈妈的手机，冲着电话那头刚起床的她兴奋地喊道："妈妈，我找到工作了！我在美国找到工作了！是我最喜欢的心理咨询师的工作！我真的做到了！"

……

为了这一刻，我不知道等待了多久。一直以来咬牙坚持不放弃，一方面是想证明自己，另一方面更是想让家人为我感到骄傲。现在终于等到了这一刻，激动的心情难以言喻。现在回想起来，2011年那一年对我来说实在太艰难太动荡了。曾经无数次想要放弃，想要转行，想要从头来过，但又无数次艰难地支撑了下来。每每想到我曾离放弃仅有一线之隔时，心里就觉得很是后怕。语言是无法形容那种感觉的，只有经历过的人才能体会。

不管怎么说，我终于成功地完成了从学生人到社会人的转型，即将踏入充满神秘感的美国职场。因为这是我有生以来的第一份全职工作，所以我的心情复杂极了，兴奋、紧张、期待、忐忑、好奇、跃跃欲试……

时间啊，快些过吧，我多希望两周后的入职之日能快点到来，好让我见识一下真正的美国职场到底是什么样的……

第四章

 关于求职的三言两语

网上关于求职方面的经验帖数不胜数。以下只是想和大家分享我在求职过程中的经验和教训，希望大家不要走我的弯路。

职场人际关系

国外职场十分注重人际关系，很多职位最初都是不对外公开的，只在公司内部进行招聘和推荐。如果这一环节招不上人，这个职位才会被开放给大众。因此，通过熟人推荐工作或递交简历的成功率，要比你自己在网上海投的成功率大N倍。但是，这一点成立的前提，是你个人必须具备胜任这份工作的能力，即只有你足够优秀，别人才会愿意为你推荐。所以，要想在这里站稳脚跟，首先要强大自己，只要是金子，早晚会发光。其次，一定要注重在平日的学习和工作中建立健康的人脉网络——包括你的亲戚朋友、同学校友、导师老板等——这对未来的职业发展至关重要。

LinkedIn（领英网）

谈到建立健康的人脉网络，就必须要说一说LinkedIn。LinkedIn是全球最大的职业社交网站，中文翻译为"领英网"。最初使用LinkedIn时，我只是简单地和同学、校友、教授等建立了

好友联系，并偶尔浏览一下职位信息。后来在求职的过程中，我渐渐发现了这个网站的很多其他神奇的功能，和大家分享。

第一，在LinkedIn上你几乎可以找到任何公司任何部门的工作人员（只要他们也在使用该网站）。根据用户资料，有时你会惊喜地发现某员工和你是校友，或某员工恰巧认识你人际圈里的某个人。这样你就可以通过网站里的"介绍"功能，让别人把你推荐进去。彼此添加为好友后，你可以发信息向对方直接表达你的求职意向，有时对方可能真的会愿意帮助你。谁说奇迹不会发生呢，我有一个朋友就是通过这种"大胆的追求"获得了面试机会，最后被成功录用了。还是那句话，只要你认为值得，没有所谓的"蠢办法"。

第二，很多LinkedIn用户的网页是开放的，你可以直接看到这个人的完整简历。当时我在撰写简历时，很多意思不知该如何用专业的英语表达。于是，我就在LinkedIn上搜索出与我同专业同方向的人的简历，从中学到了很多地道的英文表达法。这一点当时对我产生了极大的帮助，推荐给大家。

现在LinkedIn渐渐变得越来越流行，很多公司在招聘过程中都会去LinkedIn上搜索求职者的信息。因此，好好耐心花时间完善一下自己在LinkedIn上的网页，真的是一件很有必要的事。

招聘网站

求职时一定要积极运用各大招聘网站，诸如Simply Hired、

Indeed、Monster、Career Builder等——注册好账户，上传个人简历，并订阅包含自己喜爱职位的邮件，定时监控和筛选各类职位。这样做的好处是你随时可以收到最新的招聘信息，但缺点就是有时可能会收到垃圾邮件，或被猎头骚扰。我最后找到的这份工作就是从Monster这个网站进行申请的。

推荐人

在国外求职，无论是实习还是工作，哪怕是申请当兼职保姆，都是需要提供推荐人的。如果是非正式职业，可以找朋友或邻居等做你的推荐人。如果是正式的全职工作，那么通常要求推荐人必须是对你熟识的同事、主管或教授等。

起初，我并不知道推荐人的重要性，临到求职需要找推荐人的时候，才又硬着头皮回去找很久前教过我的教授们。由于时间太久远了，那些教授都已经不太记得我了，因此并没有同意做我的推荐人，这种经历尴尬极了！后来，我终于找到了实习期间的两位主管做我的推荐人，这才化解了当时的窘境。

在美国，推荐人或推荐信在求职过程中无比重要，用人单位对此相当重视。试想，在一个人不了解你的情况下，他只能通过你过去的表现来推测你未来的表现。因此，读书或实习期间，一定要勇于表现自己，争取做出好成绩，这样你的教授或主管才会愿意做你的推荐人。而且，最好在结束一学期的课程或一段实习时，就马上找对方写推荐信，不要拖到毕业时再去考虑这件事。那个时候人家就算答应了，他对你的印象可能也不那么鲜活了。

另外我想说一点，找推荐人时一定要非常谨慎，最好找你有把握的人。美国人很直白和诚实，他如果真心欣赏你，在推荐时一定会毫无保留地展现出来。但是，如果他对你有些模棱两可，很可能也会在推荐时有所保留。因此，最好找一些真心欣赏你并对你的专业水平很了解的人为你进行推荐。

跟进

就像我正文中提到的那样，对求职申请的跟进在找工作的过程中非常重要。这种跟进包括递交完简历后给对方打电话询问进度（视用人单位而定），以及面试完给对方发送感谢邮件或寄送感谢贺卡等。千万不要觉得这些小事无所谓，很多时候人们都是从细微的小事开始真正认识你的，而且恰恰是这些小事才能反映出不同求职者对待一份工作的热情和做事认真的态度。**其实人与人之间所谓的能力差异更多的是对待事情时的态度差异，每个有能力的人在对待学习和工作时，必然都有着十分认真严谨的态度。**既然渴望得到一份工作，就应该认真地对待整个过程中的每个环节。态度决定一切，细节决定成败，真的是如此。

第 5 章
职场成长历练篇

2011 年 8 月 — 2013 年 11 月

成长就是这样，先是以为自己会，然后经受打击，从而知道自己不会，之后去学习、去实践，再打击，坚持，再学习，再实践，然后有进步，最后变成真正的掌握。

入职二十四小时

出乎意料的是，终于找到人生中第一份正式的全职工作之后，那种极度兴奋的感觉只持续了大概两天之久。虽然之前的我信心满满胸有成竹，对职场充满了期待，但期待的同时，也会由于未来的未知而感到些许忐忑。真正的职场到底是什么样的，我其实心里一点底儿都没有。我只知道自己喜欢做心理咨询，喜欢和孩子在一起工作，但是我是否真的能胜任这份工作？未来的客户是否能接受和喜欢我？在即将开始的职业生涯中我又会遇到哪些困难和挑战？一切的一切都是未知的……

入职当天，我精神饱满地准时来到了机构。人事经理从之前的考官一下变成了我的同事，热情洋溢地带着我去和其他同事打招呼。机构里上到总裁，下到清洁工，每个人都十分和蔼可亲、风趣幽默。可是,当我发现我是机构里唯一一个外国人时,那种"我是中国人,他们都是美国人"的别扭感觉顿时又回来了。即便我曾经很努力地试图克服这种心态,甚至感觉有一段时间几乎快要彻底摆脱它了,可当下的我还是不由自主地在潜意识里感到了一丝忐忑不安。

我的主管——也就是当时面试我的短发老太太——名叫Beth。见到我以后,她兴奋地从办公桌后面走过来拥抱我,并热烈地欢迎我加入这个团队。听Beth介绍说,我们的机构是一家非营利性质的儿童基金会,机构提供导师服务、寄养服务、心理咨询和住院治疗等多项服务。我所在的心理咨询部主要为本市四到十九岁的孩子提供三到六个月的免费上门心理咨询服务。

我问Beth,既然这些服务对客户是免费的,那谁来付咱们薪水呢?主管解释说,机构的所有服务都是市政府公益项目的一部分,每年市政府都会拨款给机构来维持各大公益项目的运营。此外,来自私人、企业、学校或教堂的捐助也是机构的重要收入来源之一。除了定期捐款外,它们还会在节假日期间捐献大批学习用具、书籍和衣物,供经济困难的家庭使用。

入职的这一天,正好赶上了心理咨询部的月度部门会议。第一次和十多位经验丰富的心理咨询师坐在一起,当下那种紧张局促的感觉是如此的似曾相识,一瞬间好像自己又回到了华大的课堂上。会议上,同事们你一言我一语,讨论的全都是有关项目和案例的话题。我因为对这一切还毫无了解，所以听得一头雾水，挫败感极强。作为职场菜鸟的我，当时坐在那里也只能安安静静，小心翼翼。

会议结束后，我还没来得及消化上一轮的信息轰炸，紧接着就是和主管一对一的督导时间。高效率地为我介绍完项目设置和工作流程后，主管马上就给我分配了三个案子。看着面前的三份客户档案，我感觉全身的血液瞬间凝固了。我在心里呐喊道："天啊，这才是我的第一天，我连员工手册都还没来得及读，就已经要开始做案子了？我还根本不知道要拿这些案子怎么办啊！"看到我求助的目光后，主管耐心地建议我从熟读客户资料开始。

于是，我捧着三大摞客户资料开始认真地读了起来，中午连午饭都没来得及吃。正在读得入神的时候，主管突然拍了一下我的肩膀，问我为什么还不回家。抬头一看表，竟然已经快下午五点了。主管叮嘱道："咨询师不需要坐班，工作时间完全由自己安排。只要你每天做够规定的小时数，什么时候下班都可以。现在时间不早了，你赶快回家吧，以后不可以待到这么晚喔。"说罢，她便离开了。我站起身一看，果然大多数同事都已经回家了。于是，我收拾了一下东西，便离开了机构。

刚到家没多久，手机突然响起了提示音，原来是一封来自主管的邮件。打开邮件，我错愕地发现主管又分配了两个案子给我，瞬间有一种要崩溃的感觉。回想过去的半年，我几乎每天都过着

第五章

毫无规律的生活。现在突然要从松散的游民状态迅速转换成快节奏的上班族,感觉非常不适应。本来就对职场生活不熟悉的我,上班第一天竟然就拿到五个案子,真的是倍感压力。

怀着郁闷、恐惧、忐忑和焦虑的心情,我提前上床准备睡觉了,好为第二天繁忙的工作做准备。可是,躺下以后,辗转反侧,脑海里不断闪烁着琐碎的画面,亢奋的大脑像播放电影一样把工作第一天的情景完整回放了一遍。仿佛过了很久,我突然醒了过来。睁眼看表,竟然已经夜里十二点半了,我却感觉好像一分钟都没有睡着。

无奈,我抱着被子跑到隔壁书房去睡,心想换个环境可能会好一些。可是,刚一闭上眼睛,大脑又开始了高速运转,像一台时空机器一样带我飞向了未来。在那里,我仿佛看到自己胆怯地敲开客户家的门,笨拙地向他们介绍机构的项目,并拙劣地给他们做着心理咨询。我看到主管起初对我很满意,但随即突然变脸,拍着桌子严厉地训斥我。我看到自己因为压力过大而患上了抑郁症,掉头发,流眼泪,甚至因为对人生绝望而动了自杀的念头。一秒钟后,我又因为自己竟然冒出了这种念头而突然惊醒。

再一看表,凌晨两点。还是睡不着。

我又烦躁不安地抱着被子回到了卧室,推醒了正在熟睡的老公,开始抱着他大哭。那一瞬间,过去24小时积蓄的压力终于决堤了,眼泪如潮水般从眼眶里倾泻而出。我一边大哭,一边叙述着自己焦虑的情绪。老公就那么一直安慰着我，陪着我。我哭着哭着，到了凌晨四点多才昏昏沉沉地睡了过去。再次睁眼的时候，已经是早晨六点半了，整晚才睡了不到三个小时。即便如此，也只能强打精神，带着疲惫的身体、涨痛的脑袋和浮肿的眼睛，起床，上班。

说实话，开车去机构的路上，我害怕极了，因为我根本不知道今天要如何度过。想想我的同事们，各个都是有多年经验的职业心理咨询师，他们每个人看上去都是那么自信和能干。相比之下，我显得如此渺小和无知，毫无存在感。又一次，我不由自主地把自己和他人做了比较，自信心因为自己与他人之间的巨大悬殊而荡然无存。那种感觉和当年刚来美国时的感觉一模一样，我开始纳闷自己为什么又回到了这个莫名的轮回中。

突然，手机响了，竟然是我的好朋友胖咸鱼。我迅速接起电话，和她倾诉了多日以来的苦闷。耐心听完我的吐槽后，胖咸鱼开始慢慢引导和鼓励我。她说，**社会化（这里特指工作）是让一个人从孩子成长为成年人的重要因素之一。**一个人如果永远不工作，那他在三十岁时可能依然会觉得自己是个孩子；相反，那些自幼独立闯荡社会的人，可能十五岁时就会有一种老成练达的感觉。正因为我从未真正接触社会，在短时间内进行这种角色转换自然会觉得困难。胖咸鱼告诉我说，她当时大学毕业后开始工作时，几乎用了整整一年的时间才彻底适应了朝九晚五、毫无寒

第五章

暑假的快节奏职场生活。因此,我目前经历的一切都是再正常不过的。

我纳闷地问她,虽然我没正式工作过,但至少之前做过几份实习,也算是接触过一点职场,可为什么现在还是如此难以适应呢?胖咸鱼笑着说,全职工作和实习的差别是很大的。实习时,你的角色是以学习为主的免费劳动力,老板不但对你的期待不会过高,而且会主动为你提供观察和学习的机会。可是工作时,你的角色是以为公司创造效益为主的正式员工,身上背负着明确的工作量,要是无法按时完成任务,可能会给公司带来损失,因此老板对正式员工自然也就更严格一些。而且,平日里大家都有工作在身,自然很少有人能腾出时间来教你,这时只能靠个人的主观能动性去勤加学习,才能快些赶上进度。

虽然这些道理我都懂,但心里还是很着急,不知道什么时候才能追上我的同事们。胖咸鱼猜中了我内心的担忧,开玩笑地说:"你的老毛病是不是又犯了?是不是又在盲目地拿自己和别人做比较啊?哎,你想想,作为一个毫无工作经验的人,刚进新公司,你就强求自己在第一周里用完美表现震撼别人点亮全场,那你让你的老板怎么活啊?她可是干得头发都白了才做上主管的位子的。这就好比,一个大一新生想在上学第一天里就写出一篇牛叉论文去PK博士后,你觉得这符合逻辑吗?"

听了她的质疑,我突然破涕而笑。当别人直白地点醒我时,我才突然意识到自己有多么幼稚。是啊，我又犯了盲目攀比的老毛病，即便一直以来都在试图改正，但它有时还是很顽固不化。**自身缺点就像弹簧，你强它弱，你弱它强，你必须得时刻警惕它，有意纠正它，才能保证不会再次被它吃掉**。现在回想起来，其实当时摆在我面前的难题并不复杂，我只需要耐心去熟悉、适应、学习即可，根本不用把它魔鬼化，这件事也和别人毫无关系。可是，处在当下的我，的确是被一系列的变化怔得不知所措。

感谢胖咸鱼，她及时拯救了陷入负面情绪旋涡的我。当我再次迈入机构大门的时候，肩头已经感觉轻松许多了。虽然眼前依然还有很多繁重的工作，但我终于又可以静下心来理性地面对一切了。我拿出新买的日程计划本，开始耐心地为新工作进行规划。

初见客户的尴尬

入职第二周，主管给我派了一位"师傅"。说是师傅，其实就是我的一个同事。他大概四十岁左右，身形敦厚，长了一脸胡子，咱们就叫他大胡子吧。听主管说，大胡子三周后就要离职了，我负责接手他的案子，所以从这周起大胡子会带着我一起去见客户。听到这个消息，我兴奋极了，有大胡子带我，我一定能从中学到很多东西，再也不用担心没有方向感了。

我要见的第一家客户住在一个有些萧索的住宅小区。在那之前，我从没去美国人家里做过心理咨询，因此对于进了客户家后

第五章

会发生什么事，我一无所知。不过，一想到有大胡子和我在一起，就觉得安心多了。我心想，既然这是我的第一次，所以大胡子肯定会负责主说的，我只需要坐在旁边认真听就可以了。

我提前到了客户家后没多久，大胡子也到了。我们彼此打了招呼，然后一同往客户家门口走去。说实话，当时我紧张极了。即便有大胡子在，我也还是因为这是我的第一次而紧张得手脚冰冷，全身发抖。每往前迈一步，我的心跳就加快一些。等我已经站在客户家的门廊上时，感觉心脏都快要从嗓子眼儿里跳出来了。这家人长什么样？他们会友好吗？会喜欢我吗？会歧视我吗？他们会愿意和一个中国面孔的咨询师工作吗？一个又一个问题从我的脑海里冒出来，我忐忑的心咚咚地跳着……

大胡子好像看出了我的紧张，试探性地问道："你之前有过在客户家为其提供心理咨询服务的经历吗？"我摇了摇头，告诉他这是我的第一次。他笑着安慰道："没事，放轻松，没有你想的那么可怕。"他用手指了一下门铃，示意让我去按门铃，主动出击。我深吸了一口气，一咬牙一跺脚，使劲按响了门铃。

"来了！"门那头隐约传来了女主人的回应。

咚咚，咚咚，我的心跳得更快了……

开门的果然是女主人。她穿着很朴素的T恤和牛仔裤，身材有些发福，金色长发披在腰间，看起来很久没有打理过了。他们的房子并不大，屋里看上去有些凌乱，加上家里养着各式各样的宠物，看上去像极了一个动物园。女主人招呼我们在餐桌旁坐下，不久，男主人和这家的儿子也加入了进来。

大胡子先是很自然地和他们寒暄了几句，然后分别介绍了自己和我。我和他们每人对视了一下，点头致意，同时勉强地挤出了一丝极不自信的笑容。我实在太紧张了。之后，大胡子和他们简短地聊了聊天气和家里的宠物，很快便彼此熟络了起来。中间有那么几次，幽默的大胡子逗得全家人哈哈大笑，我却完全找不到笑点，只好尴尬地呵呵几声。

破冰之后，言归正传。大胡子示意我把机构的资料拿出来，我以为他要开始介绍我们的项目了。正当我要把资料递给他时，他却对大家说："好了，现在让Joy为你们介绍一下我们机构的这个心理咨询项目吧。"他的话音刚落，我递资料的手瞬间僵在了半空。对面的三个人齐刷刷地看着我，仿佛在等着我的宣讲。

当时我是真的慌了，大脑飞速地运转着："什么？让我讲？这可是我第一次见客户啊，我怎么知道要讲什么？难道不是大胡子主讲吗？这下可怎么办？我到底要讲什么？！"我赶快机械地把手缩回来，摊开资料，迅速用眼睛扫描着文档里的内容。即使前一晚做了预习，但当下的大脑还是瞬间空白了，看着眼前密密麻麻毫无重点的英文，我哑口无言。

沉默。沉默。长久的沉默。空气似乎都凝结了，只听到屋外的金丝雀叽叽喳喳地叫着。

第五章

"嗯,我们这个项目……是一个免费的心理咨询项目。它的形式非常的……我是说,它有很多不同的……组成部分。你们……不需要来机构找我,我每周都会来你们家……为你们提供上门服务……"我一边努力地从嘴里往外蹦一些支离破碎的句子,一边疯狂地翻看着手头的资料。当时我手忙脚乱的样子尴尬极了。大胡子见状,赶快接话说:"Joy的意思是,我们与其他机构最大的不同,就是每周会为你们提供上门的心理咨询服务,即便你们没有车也完全不用担心。"听到这里,客户连声称赞,说他们几天前刚买了新车,但还没买保险,所以新车暂时没法开,我们的服务正好可以满足他们当下的需求。

之后,大胡子和男主人围绕着新车的品牌和装配聊了起来,我却还因为刚才差劲的表现而缓不过神来。听到他们在聊新车,我便希望可以借此机会加入他们的谈话,缓和一下刚才尴尬的气氛。于是,我连想都没有想,张嘴问道:"祝贺你们购入新车,这辆车你们是花多少钱买的啊?"

问题一出口,刚才热络的谈话戛然而止,屋里所有的人都瞪大眼睛看着我,包括大胡子。紧接着,女主人难以置信地问道:"你说什么?!"男主人好像是想帮我解围,马上解释说:"我猜Joy可能是想问咱们的车是几几年的吧?"我心想,这明明不是我想问的问题啊,于是赶快澄清说我问的是新车的价格。我的话音刚落,又是一阵比之前时间更长、气氛更干的沉默。大胡子见势连忙转换话题，草草结束了这次见面。

从客户家出来后，大胡子把我拽到一边问道："刚才的谈话中，你有没有觉得你哪里做得不妥当？"我点头承认自己之前没有做足介绍项目的准备。大胡子又连忙问道："除此以外，难道没有哪个谈话的瞬间让你觉得气氛不对劲吗？"我试探地答道："是我询问他们新车价格的时候吗？"大胡子连连点头。我赶快道歉，说我以前只知道在美国人面前不可以轻易谈及彼此的工资、宗教信仰和政治观点，但真的不知道竟然连物品价格也不能随便过问。大胡子解释说，这些问题在好友或熟人面前多多少少都可以聊，但绝对不能和陌生人谈，尤其是客户，因为任何窥探他人隐私的事（尤其是经济方面）都是相当不礼貌的。

就这样，因为对美国文化不够了解，我犯下了一个如此愚蠢的错误。在那之后，我隐约地觉得自己与这家客户之间产生了一种不可言喻的心理隔阂。每次见到他们时，我都会觉得尴尬异常。值得庆幸的是，每个疗程都有大胡子陪着我，否则我真的不知道要如何熬过和这家人每周两次的见面。然而，大胡子的离职之日渐渐逼近，我开始变得焦虑起来，不仅因为我还没有做足独立进行疗程的心理准备，更因为之前与这家客户产生的隔阂。

大胡子离职之后，终于轮到我独自约见这家客户了……

那天清晨，本来一切已经准备就绪，可我在车里坐了很久，迟迟不肯给汽车点火，因为只要一想到要独自面对这家人，我就

第五章

立刻紧张得动弹不得。许久过后,我竟然鬼使神差地拿出手机,给客户打电话说我不太舒服,请求改约下周再见。没想到,他们竟然欣然同意了,还问候了我的身体。

没错,人生中第一次独立见客户时,我竟然十分犯厌地当了逃兵。出乎意料的是,之后的那个周末,我果真病了,在家躺了整整两天。大胡子就像我的双拐一样,离开了他,我就不会走路了。不但不会走路,好像连站都没法站稳,跟跄摔倒后,便再没勇气站起来。

当我终于有勇气独自坐在这家人面前的时候,我做的第一件事,就是向他们郑重道歉。我诚实地告诉他们上周改约是因为我个人没有做足准备,为此感到非常愧疚。之后,我告诉他们我在美国才待了三年之久,对当地文化了解得不够透彻,由于无知而在初次见面时冒犯了他们,为此我感到非常抱歉。听了我的叙述后,夫妻二人先是一阵困惑,然后便哈哈大笑起来。他们说,要不是我的提醒,他们其实都已经忘记我询问新车价格的事了。他们说他们不但没有把这些事放在心上,反而非常理解我的担忧和处境。之后,我们围绕这个话题聊了很久,他们竟然表示因为我的坦诚而欣赏我。

终于,在我心头积蓄已久的心结解开了,那种如释重负的感觉真的好极了。

说实话,现在回想起来,我真的觉得非常对不住工作前三个月里接手的第一批客户。在结束那批案子时，仅有两家客户在满意度调查表上为我写了正面的评语，其余几家客户全部写了类似"这位咨询师根本不知道她在做什么"或"这个咨询师看起来很缺乏经验"的评语……这也难怪，那时的我的确经验太浅，经常感觉不知所措，甚至怀疑自己也许根本不是做这行的料。

现在的我一直在想，如果让我重走那段路，我会如何去做？我能否适应得更快更好呢？仔细想想，我觉得答案是不能，因为**无论是环境转变、角色差异还是心理落差，对我来说都是一个必经的过程。我一定得砸锅、出糗，并把菜鸟状态演绎得淋漓尽致，才能充分认识到自己的不足，才能静下心来重新积累并耐心成长。**回想当初，虽然那段经历尴尬又痛苦，但对个人成长来说，它并不是一件坏事。只要咬牙挺过去，几年以后，谈起来都是佳话。

向"外国人心理"说再见

工作最初的几个月里，自我怀疑时刻笼罩着我生活的每个角落，长久建立起来的自信心轰然崩塌。那段时间，我兴奋过、郁闷过、满足过、沮丧过、彷徨过、崩溃过……有时觉得自己入对了行，有时又觉得自己入错了行。有时觉得自己终于走上了正轨，但有时又觉得那所谓的正轨其实是把我带向了一个完全错误的方向。

每天早晨我都会告诉自己我能行，然后努力带着微笑去上班，

第五章

进行完全天的疗程后,受打击,受刺激,下班开车回家的路上崩溃大哭。很多次晚上都是边哭边吃饭,但也不敢花太多时间哭,因为还要抓紧时间准备第二天的疗程。当第二天早晨肿着眼睛醒来后,我又继续硬着头皮给自己加油打气,告诉自己说我一定能行,然后继续面带微笑去见客户,继续受打击,继续觉得自己像个傻子似的什么都不会,继续沮丧、崩溃,含着泪吃饭,这样的日子周而复始地过了足足有三个月左右。

造成这种状况的原因有很多。从语言方面来讲,真正开始全英文工作后,我才又一次认识到自己能力的有限。平日和客户或同事进行交流时,总会涉及到很多专业知识,例如药品名称、副作用、某个诊断的症状等,这些东西的英文表达都是我不够熟悉的。因此,为了做足功课,明明是一个小时的疗程,我之前的准备工作就要做三个小时。其他对业务熟练的咨询师往往可以直接上场,只有我,每个疗程之前都要做一大堆笔记,然后进行疯狂的练习,甚至要仔细研究怎么组织语言,疗程里要举哪些例子,用哪些技巧,话题之间如何切换等等,仿佛准备每一个疗程都像是准备一次英文演讲那样费事。

从专业方面来讲,我的知识掌握得还是不够扎实。再加上我本身对美国的成人法律系统、青少年法律系统、学校系统、政府系统、社区资源等等是完全不懂的,要让我用英文来进行所有的沟通和交流,就更是难上加难。有太多需要学习,但又不知道从何学起。我在想，我到底得经历多少磨炼，才能摆脱现在这种职场新人加专业菜鸟的状态啊。

为了让自己尽快在专业上成长，我尽量在晚上挤出时间读书。那段时间里，我读了很多专业方面的书，越是学习，就越会发现自己的不足。我真的感觉，在心理咨询这条路上，我像是一个新兵，可能连如何拆枪装枪都还没有练熟，就已经要上战场了。我每次在书上读到什么，就会赶快跟主管讨论研究，经过她的同意后，就迫不及待地在实践中运用起来。有的时候，自己的进步是可以明显感受得到的，每当有一点点小进步，我就觉得自己正在乘坐着一辆过山车往高坡攀升，那种刺激感非常过瘾。可又有的时候，我会因为一点小事而灰心丧气。我每天都努力挣扎着从废墟中再次站起来，但总有一种岌岌可危的感觉，仿佛自己是在夹缝中求生存，害怕自己很快就会被淘汰掉。

说实话，那段时间我没有一天不是抱着满心希望去工作，但却带着一头失望回家的。我每天都在怀疑自己的能力，尤其作为一个外国人，要用英语跟美国的家庭在一起工作，我真的懂人家的文化吗？懂人家的背景吗？懂人家的语言吗？我作为一个社工专业半道出家的人，真的能负责地履行我的工作职责，帮助到这些生活在水深火热里的人们吗？这些问题几乎每天都纠缠着我，我想努力忘却自己的顾虑去全心全意地工作，但还是无能为力。

终于有一天在和主管进行督导时，我们谈起了这个话题。我

第五章

和她说,现在对于我重建自信心的最大障碍,就是我——作为一个母语不是英语的外国人——不知道自己是否真的可以被客户接纳,我怕这种从外在到内在的本质上的不同,会导致客户对我产生抵触情绪。另外的障碍,就是我在专业上的不足。主管听我这么一说,会心地笑了。她对我说了这样一段话,我这辈子都不会忘记。

主管说,专业上的经验不足,会随着时间而慢慢消退,任何一个成功的人都会经历从弱小到强大的过程,所以这点你完全不用担心。咱们今天主要来谈谈你所说的"外国人心理"吧。我想说的是,自从你踏上这片土地时,就请忘掉自己是"外国人"这件事。美国是一个移民国家,在这片土地上,没有所谓的本国人或外国人。要是追溯历史的话,这里的每个人曾经都是"外国人"。但是,既然现在大家都来到这里,就是冲着一个目标去的:你的梦想。**要想和他人迅速建立联系,就要着眼于你们之间的共同点,而不是不同点。**每个人来到这个世上,当然会彼此有别,怎么可能一模一样?你觉得你和美国人有不同,难道美国人与美国人之间就没有不同了吗?你的家乡在中国,难道北方的中国人和南方的中国人之间就没有不同了吗?我相信,作为人来说,无论你来自哪里,我们彼此之间的共同点,要远远多于不同点。实际上,正因为美国是移民国家,所以美国人根本不会因为你是中国人而觉得奇怪,因为他们对各种外国人已经见怪不怪了。真正过不去这个坎的人，其实是你自己。你说难道不是吗？

我必须要说，你是一个外国人之前，首先是一个人，就像你的每家客户一样，他们也都是人。既然是人，就有为人的喜怒哀乐。机构服务的每家客户，都是在他们的人生已经走到了十分绝望的境地时，才会向我们这样的陌生人寻求帮助。你知道吗，让一个人屈尊去向外人寻求帮助，其实是一件很丢脸的事，因为这就代表着他要向外界承认"是我不够好，我搞不定这件事，我搞不定我家的小孩，我搞不定我的老公"。**所以，当你迈进对方家门槛的时候，你面对的其实是一个极度绝望的灵魂。**

一个优秀的心理咨询师，应该着重关注该如何运用专业知识去帮助对方，而不应该反复纠结于你在别人面前呈现出来的样子。心理咨询这件事的重点本身就应该是对方，而不是你自己。帮助一个人，你需要的只是一颗真心而已。**我相信你有这颗真心，我也相信你的专业潜力，我更相信你的语言水平。但是，这还远远不够，只有你真的相信了自己，你才能够做到。**如果你觉得对方因为语言或文化而无法接纳你，那么，证明给他们看，除非你先选择放弃自己。我相信你不会放弃，因为我相信当时我录用你时的眼光，我知道我没有看错人。真正重要的是"你是你"，仅此而已。一个人的优秀只和他自己有关，与他是哪国人根本没有丝毫关系。

和主管的这次长谈，彻彻底底地改变了我。那种醍醐灌顶的

第五章

感觉,现在还清晰地记得。她的一席话,不但消除了我的许多困惑和不自信,也真正彻底解开了我自来美国以后萦绕心头已久的一个疑虑。更确切地说,是一种心结。

一直以来,由于我是周围环境里为数不多的中国人,在衣食住行、言行举止等各个方面都和大家不一样——你们都是那样的,唯独我是这样的——久而久之,我便莫名其妙地觉得自己好像是处于一种弱势地位似的。因此,其实从第一天起,我就在潜意识中把自己和大家对立了起来。这种对立几乎呈现在我生活的方方面面。留学的两年里,除了不得不读的课堂阅读外,我几乎从来不看英文书,平日里看的书和网页都是中文的。此外,我也很少主动去和身边的美国同学沟通,总是想和中国学生打成一片。在医院实习时,这种心态稍微好转了一些,但那时好像也只是因为不得不做而去被动地接受而已。遇到困难时,我总是习惯把英语当成自己没能做好一件事的借口:看,都因为它是得用英语做,所以才这么难;如果是用中文,简直就是小菜一碟。可事情真的如此吗?我看未必。

说到底,还是自己的心态没有调整好。人类历史中有过成千上万的留学生每年都从一个国家迁往另一个国家,从一个文化穿梭到另一个文化,有那么多人都曾经历过我现在正在经历的一切。很多人都成功了,为什么我就不行呢?**成长就是这样,先是以为自己会,然后经受打击,从而知道自己不会,之后去学习、去实**

践，再打击，坚持，再学习，再实践，然后有进步，最后变成真正的掌握。这个成长过程，不管是谁，不管做什么，不管走哪条路，都是会经历的，逃不了，躲不掉，只能面对。镇定，冷静，想清楚，乐观迎接，没有什么坎是过不去的。还是那句话，所有杀不死你的，都可以让你变得更强大。

对于我个人来说，我应该告诉自己的是：第一，我今天所做的一切都是自己的选择，所以无论酸甜苦辣都要自己承担。第二，我要时刻懂得去欣赏和包容与自己不同的文化。第三，对于我的客户来说，我是他们的心理咨询师，他们更在乎的是我是否真的能帮助到他们，而不是我来自哪个国家哪种文化。第四，工作中一切我不会的东西，我都要以最踏实的心态去学习，去积累，要把心思放在变强大上，而不是整天埋怨自己有多辛苦。

说到这儿，突然想起小时候妈妈教我滑冰时的情景。那个时候在冰场上，妈妈总会站在我面前的不远处，张开双臂对我说："来，到妈妈这儿来。"于是，我便会两脚踩着冰刀，双腿颤颤巍巍举步维艰地向前迈步，稍微一不小心，就会两腿大劈叉地坐在冰上。但妈妈从来也不会去扶我，她只是一动不动地站在原地，继续鼓励我站起身来向她滑去。于是，我无数次摔倒，又无数次挣扎着自己站起来。无数次的尝试后，我终于滑到了妈妈面前，一下子扑倒在她的怀里。后来，我不但学会了滑冰，还掌握了花刀、球刀和跑刀等各种滑法。这就是为什么我很喜欢冬天，因为到了冬天,我就可以再一次在冰场上飞奔。

现在想来,其实无论做什么事都要经历这样一个过程——失败,站起来,往前走,再失败,再站起来,再继续往前走。有句话说得好:屡败屡战,最后在风中屹立不倒!无论是克服心态,还是适应环境,这才应该是我追求的精神境界。

先假装会做,直到你真的会做

虽然头三个月里每天都在艰难度日,手头的案子也并没有多么成功,但我还是认真地总结了自己在这三个月里的进步。总结过后,我发现自己不但已经完全了解了项目设置,熟悉了上门式心理咨询的工作环境,而且彻底弄懂了从开案到结案的整个流程。因此,之前那种没头苍蝇乱转的状况已经大大减少了,更多的担心只是围绕在如何能更好地做一个案子,即让自己在专业上进一步成长。

三个月后,当我拿到第二批客户资料时,已经不像第一次那样毫无方向感了。每次和客户见面之前,我都会把自己打算说的话提前写在一张纸上,包括如何和客户打招呼,如何切入话题,如何转换话题,以及如何回答客户可能会问到的问题等。有时,甚至连中间开玩笑的话该怎么说,我都会提前写下来不断地练习,并让身边的人给我提建议。

每次在去见客户的路上,我都会在车里反复练习我要说的话。

到了客户家后,我深吸一口气,敲门、开门、微笑、打招呼、自我介绍、进门、坐定、寒暄聊天、切入主题、介绍项目、签订服务协议、做家庭评估、约下次见面时间、告别等一系列的事,都完全是按照我事先准备好的"剧本"进行的。每当得知英语不是我的母语时,客户们总是显得非常惊讶。他们会夸赞我的英文十分流利,说他们根本听不出我有任何口音。谁知道,这都是我之前反复练习的结果,也正是一遍遍的演习才终于让我"撑"出了一副貌似专业的样子。

为了弥补自己的经验不足,除了多学习、多积累、多下功夫以外,还能有什么别的途径呢。对于一只笨鸟来说,要想飞得更高更远,唯有比别人起飞得更早,飞得更卖力才行。在那段时间里,因为这些辛苦付出,我得到的客户评估成绩越来越好。我开始陆续收到客户送来的贺卡、字条、孩子画的画或妈妈写的信等,来向我表达感谢之意。那个时候,每次见客户之前,我还是会有神经高度紧张的感觉,出客户家时还是会很夸张地松一口气,好像又一块大石落地了一般,但之前那种头皮发麻浑身不自在的感觉已经越来越少了。

因为那半年接的案子难度不高,面对的客户大多数也都非常和蔼友善,所以我从未碰到过所谓的刁难型客户,也从未遇到过因为语言或种族问题而不喜欢我的人。因此,我一度以为自己已经幸运地走上了事业的正轨,直到我遇到了Z家庭。

第五章

　　Z家庭是我接触到的第一个十分阔绰的美国家庭。因为机构的非营利性质，我们所有的项目都是免费的，所以大多数客户都是美国社会的中下层老百姓，像Z家庭这样阔绰的当时实属罕见。我们的首次见面约在了一个周五的上午。我在前一晚详细研读了他们的档案，并做了非常认真的准备，像往常那样反复练习了我在见面时要说的话。

　　第二天，当我刚一开进Z家所在的社区时，就立刻被路两旁一幢幢的豪华别墅彻底吓傻了。也不知道为什么，那一瞬间，之前信心满满的我顿时变得毫无底气了。我在心里开始乱想：能住上这样豪宅的人，一定接受过良好教育吧？一定是名校毕业的吧？一定非常有气场吧？他们会不会嫌弃我是一个工作经验尚浅且涉世不深的黄毛丫头呢？就这样，我越想越紧张，心里暗暗担心自己可能要撑不住这个场面了。

　　就在这时，我突然想到华大的一位教授曾经说过这样一句话：Fake it, until you have it——**先假装会做，直到你真的会做**。他的意思是，职业气场和自信心这两个东西，是只有经过多年的锻炼和积累才能练就的，刚毕业涉世不深的傻小子一眼就会被看出来。有的时候，因为自己没经验又没自信，总会无奈地错失很多宝贵的机会。因此，教授说，**在没有气场但却急需气场的情况下，必须得装！装出这种气场，直到你真的有气场为止；装出有自信心，直到你真的有自信心**。

想到这里,我在客户家门口站定,深吸了一口气,然后勇敢地按响了门铃……

前来开门的男主人长得憨厚老实,满脸笑容地把我迎进了大门。女主人从楼上走下来,云淡风轻地介绍着自己。她看上去像极了《绝望主妇》里的某个女主角,个子高挑,身材火辣,很难让人相信她已经是四个孩子的妈妈了。

我边和他们做自我介绍,边跟随男主人往客厅里走。天啊,他们的客厅大得已经可以装下一个游泳池了。夫妻二人礼貌地给我倒水喝,我便顺势随便和他们聊聊天气之类的破冰话题。其实,开始这个疗程前,我的心里是有很清晰的目标流程的。我的计划像往常一样,打算坐定之后开始介绍项目并做家庭评估,然后讨论治疗方案。谁料到,我还没来得及开口,女主人竟然先发话了。

她优雅地搅拌了一下眼前的咖啡,严肃地问道:"Joy,如果你不介意,请你先给我们介绍一下你的背景吧。我看你年龄不大,你做这份工作多久了?之前有多少经验?以前跟正处在青春期的男孩子工作过吗?效果怎么样?"一连串问题像连珠炮一样向我袭来,一时之间令我招架不住。工作半年多以来,我还从没遇到过主动打听咨询师背景的客户,因此大脑瞬间一片空白。起初,我因为感到自己被拷问而有些郁闷,但又觉得她的这些问题问得真的很好。试想,如果是我的话,我也一定会想知道这个要和我的孩子相处数月的人到底怎么样,有什么经验,是否真的能够胜

第五章

任这份工作。

当下的我其实有些犹豫：如果照实说的话，他们可能会因为我经验不足而拒绝合作；可如果骗他们说自己经验丰富的话，不但良心上过不去，日后也早晚会露馅。脑袋里的两个小人经过一番激烈辩论后，最终还是决定跟他们说实话。于是，我告诉他们，我本身并不来自美国，所以说话时可能会有些口音或表述上的毛病，如果听不懂或者有疑问，请一定随时告诉我。但即便如此，我会非常努力地和他们工作，一定会尽全力达到治疗目标。之后，我强装镇定地冲女主人自信地笑了笑。

要是以往，每当听到我这么说时，家长们一定会笑着赞扬我的英文好，并会对我给予鼓励。可是，Z家的女主人却依然一脸严肃地看着我，继续质疑道："既然你不是美国人，从小也不在美国长大，你不觉得这种文化上的根本差异会影响到你和我儿子之间的沟通吗？"

又是一个我完全没有防备的问题。工作这么久以来，因为从没有客户抱怨过这件事，使得我都快忘记"文化差异"的存在了。现在她又猛然提起，搞得我措手不及。可是，这又是一个十分合理的问题。如果我的孩子有心理问题的话，突然跑来一个外国人，说要和我的孩子一起工作，来帮助他克服心理问题，我也一定会担忧这个外国人是不是真的能搞定这件事。

我冷静地思考了一下，然后先是肯定了她的担忧，说这是一个很合理的顾虑，要是我，我也会有同样的担忧。之后，我向女主人简略地介绍了自己之前的经历，以及我的文化背景在一段治疗关系中可以如何得到有效运用。我诚实地告诉她，其实最初刚拿到这份工作时，我也有过类似的担心，觉得自己是一个外国人，可能没法很好地和美国家庭在一起工作。可是，我的主管帮助我改变了这个思维误区。现在的我相信作为心理咨询师，最重要的是要有一颗真诚助人的心。当你有了这颗心以后，其他问题都是好解决的。同时，治疗是否会有效，也取决于客户自己。如果您的儿子并不想接受心理咨询，打心底里抵触这件事的话，那么就算是一个经验丰富的美国白人咨询师，可能也不会起到任何作用。

由于这是我本来就深信的一点，因此在讲话时格外肯定。女主人仿佛感受到了我的自信心，于是频频点头，好像是被我说服了一样。之后，她才慢慢地打开了话匣子，开始向我介绍他们的家庭状况。在这个交流的过程中，男女主人都非常有礼貌，我能感觉到他们是打心底里尊重我，并不是那种故意屈尊让人感到尴尬和距离感的假装有礼貌。后来我们越聊越投机，女主人一直话不停口。

终于轮到我介绍项目的时候，我开始按照章程讲解TFCBT疗法。我告诉他们，他们的儿子可能是因为曾经经历过某种情感创伤，才把自己封闭了起来，而TFCBT这种疗法就是专门治疗青少年的情感创伤的。当女主人听到"情感创伤"这个词的时候,她的眼睛亮了,连连点头说"对对对!"于是,我赶快给他们详细讲解了这种疗法的治疗过程,以及每个治疗阶段的任务、目标和作用等等。可能是因为我真心喜欢这种疗法,于是在讲解的过程中变得越来越有自信。你知道,**只有你对一件事特别熟悉特别感兴趣,你在阐述它的时候才能带出你的气场和信心,而这种气场和信心是别人能看到和感受到的。**

在那之后,我好像做了工作以来最长的一段演讲。我给他们讲了过去半年我做的一些成功案例,但同时也诚实地告诉他们我手里并没有魔法棒,无法保证三个月内一切都会恢复完美,但我一定会尽全力帮助他们的儿子以及整个家庭尽早重回正轨。这个时候,之前读过的很多专业书里的那些小比喻,突然跳到了我的脑子里。于是,我连忙举出了石膏的例子、扫地毯的例子、打击敌人和防御城堡的例子。只有这些形象的例子,才能帮助人们在短时间内准确地意会一些比较复杂的心理治疗原理。

在我的讲述过程中,夫妻俩一直睁大着眼睛目不转睛地认真倾听着。我的讲话结束后,女主人绕过桌子走上前来握着我的手,赞叹不绝地说:"Joy,说实话,你刚进门的时候,我看到你是亚洲人,心里就有很多顾虑。我不知道我儿子在面对一个年纪轻轻的亚洲女孩时会怎么办,不知道他会不会喜欢你,担心他不愿意和你聊天。但是,跟你进一步交流过后,我的所有担忧都解除了。

我觉得和你聊天非常舒服,我也很信任你。也许你的工作经验不多,但我真的可以从你身上感受到你说的那颗真心助人的心。我们很喜欢你,相信我们的儿子也会喜欢你的。"女主人说完这番话后,男主人频频点头表示同意,并为我伸出大拇指点赞。那个时候,我真的觉得我已经站在了喜马拉雅山的山顶!

出门之前,我礼貌地和夫妻二人握手道别,但是女主人却热情主动地给了我一个大大的拥抱。本来约好是一个小时的疗程,最后却进行了三个半小时。回来的路上,我真的在车里开起了个人演唱会,跟着电台的歌曲大声唱起来。这不能说是我最成功的一次见面,但绝对是最有成就感的一次。我经历了见面之前的担忧、焦虑和内心喊话,又经历了刚见面时的尴尬"拷问",然后又慢慢克服内心的抵触情绪去客观地看待他们,相处、倾听、反馈、交流,最后把见面结束在彼此的欣赏和信任中。我觉得我真的是大逆转了:他们的担忧得到了逆转,我自己对人对己的内心情绪也得到了逆转。

这次见面对我的整个工作具有转折点式的意义。说实话,因为之前每次见客户时我都要做非常多的准备,所以我总觉得自己要是脱离了事先准备的讲稿,就一定无法独立完成一个疗程。但是,在那次疗程里,我和他们说的很多话,都是之前从没准备过的,完全没有讲稿可以参考,完全都是在日常工作中得到的真切的心得体会。**原来,我在无形中慢慢累积的东西,早已储存在了**

第五章

大脑的潜意识里,当我真正需要它时,它自己就蹦出来了。而且,我竟然已经可以用标准的英文去阐述我脑子里的很多想法,根本不用提前准备或演练,它们就在当下直接如泉水一样自然地流淌了出来。这种感觉简直就像大学练英语听力时,突然有一天发现自己能完全听懂VOA时那样地刺激和兴奋!

回想之前的工作,没有哪一次的客户见面不是我经过精心准备的,没有哪一个疗程不是下了十二万分的辛苦和努力去认真对待的。那时每次见客户时,因为根本没有经验,所以只能打肿脸充胖子,强装出一些勉强说得过去的气场和信心。可是,装着装着,竟然真的有了气场和信心!原来,在每天的摸爬滚打中,我的语言能力和专业水平已经在不经意间取得了重大的进步!

现在回想起来,感慨良深。人的成长和成熟真的是要经过一个非常漫长的过程。千万不要小看每天一点一滴的付出,正是这些点点滴滴的付出让你慢慢变强大。虽然有时会觉得那些看似漫无目的的付出根本没个尽头,但当横空飞过一个机会,你可以快速跳起来抓住它,并证明自己是它最完美的不二人选时,你就会发现,在过去无数个默默无闻的日子里,你已经不知不觉地修炼成人精了!虽然付出的当下会觉得痛苦,会遭遇失败,但你从中所获的经验和教训才是真正会让你受益一辈子的东西。因此,不要顾影自怜地徘徊在经历本身里不出来,而应该积极思考你到底从这件事里学到了什么。要经常反省,这样你才不会白去经历那些痛苦，未来再次遇到那些倒霉的事情时，你才不会第二次掉进同一个大坑里。为此，我感恩过去经历的所有失败和痛苦。

工作和生活就像跷跷板

在正式工作之前，我总是把未来的职场生活幻化得特别美好。我希望自己可以像职业白领一样，早晨起来洗漱化妆，吃着健康的早点，穿着体面的职业装，踩着高跟鞋，潇洒地开车去公司开会，中间可以间或优雅地喝杯咖啡，下班后可以和三五好友泡吧看电影。想一想，就觉得对这样的生活无比神往。

可是，当我真正蜕变成职业女性后，才发现以上美好的遐想一个都没有发生。我每天的生活是，早晨起来后快速把自己收拾干净，早饭通常都在车里解决，连续在公司开几个会后，随便吃点午饭，便开始挨个见客户。时间往往就在从A客户家冲去B客户家、从B客户家冲去C客户家的过程中急速流逝掉了。后来工作渐渐忙碌了起来，手头的案子越来越多，我的饮食规律和日常休息很快就被打乱了。

人毕竟不是铁做的，长期不规律的饮食和睡眠习惯很快就把我折腾垮了。有一阵子，我感觉身体两侧肋骨疼得厉害，大口呼吸时都觉得疼痛难忍。终于抽空去医院检查时，才发现是患上了胸膜炎。问题不大，医生只给我开了一瓶消炎药而已。即便如此，它也绝对引起了我对身体健康的重视。我在想，一年以来自己工

第五章

作得如此辛苦，连身体都赔上了，现在既然工作已经上了正轨，应该适时歇息一下才对。于是，我便开始转变工作观念，调整生活节奏。

没想到，用力过猛，矫枉过正，这次调整中我从一个极端走上了另一个极端。起初，我每天都尽力去工作，后来却变成了每天都尽力去休息。只要是工作八小时以外的时间，我几乎全部都在休息和娱乐。渐渐地，这样松散的态度也被不自觉地带到了工作当中，准备疗程时也不那么用心了，晚上也不看书为自己充电了，习惯性地过着放任自如毫无规划的生活。这样一来，许多该做的事情被一拖再拖，拖延症彻底爆棚。长久下来，身体虽说是养好了，但内心很快就感到了些许空虚和不踏实。

就这样，工作和生活就像跷跷板的两端一样，总是处于你上我下、左摇右摆的失衡状态。那段日子里，时间过得出奇得快，甚至比繁忙时都更快，快到每当我回顾过去时，甚至都不记得自己每天到底做了什么。过往的生活在记忆里就像一张白纸一样，那种感觉实在太让人恐慌了。

于是，我突然发现，在学校读书时，即便你不想进步，也会被很多作业和考试逼迫着去学习。可是，**工作后的生活却大不相同，学与不学、进步与否、基本全靠自觉。虽然工作后的生活自由了不少，但如果对这种自由不善加利用，人生是很容易在一天天中被荒废掉。** 就好比那个阶段的我，总是打着"善待自己"的借口去享受生活，却已完全不自知地变成了一只温水里的青蛙。直到发现身边的人都在一刻不停地进步时，自己才突然有了危机感。

终于意识到问题的严重性后，我决定不能再这样下去了，一定要好好研究一下该如何平衡工作和生活，尽量做到既在八小时内高效率工作，又在八小时外兼顾身体健康和自我再教育。于是，我重新拿出了制订计划的那一套技能，开始规划工作后的生活。

首先，我要为八小时内的工作制订一个明确且具体的目标。可是，这件事着实把我难倒了。以往我制订的阶段目标都非常具体，例如"考取初级执照"、"写完第一本书"等等，而我能想到的工作目标却只有"好好工作"四个字而已。可是，到底什么叫"好好工作"？这个概念太过宽泛和模糊了，而且丝毫无法被衡量。由于这样模糊的概念，导致我有一段时间只是机械地为了工作而工作，为了结案子而做案子。不久以后，发现自己从工作中学到的新东西非常有限，所谓的工作经验倒是积累了一些，但扪心自问时才发现自己在专业水平上其实只是在原地踏步和吃老本儿而已。

于是，在重新制订工作目标时，我就要求自己把目标写得尽量**详细、具体而且可以被衡量**。比如，我要在A案例中提升自己在疗程里提问题的能力，在B案例中充实自己对自闭症的了解，在C案例中练习如何运用玩偶与低年龄的孩子进行评估和对话。列完这些目标后，我在每面对一个案子或一个疗程时，心里就会有着非常明确的目标。每结完一个案子，我还会对这个案例进行总结。后来，每次翻出自己的工作笔记时，都会清晰地记得案例情况和自己的进步。

　　工作之余，对八小时以外的生活，我也会有意识地去做计划。比如，我会要求自己每个月至少阅读一本专业书和一本课外书，每周至少锻炼三次身体，并进行一次户外活动（例如周末登山或游泳等）。说实话，起初执行起这个计划时，真的非常困难，尤其在你已经习惯了之前懒散的生活后。每次下班回家时，我只想像一条死狗一样瘫软在床上，很多次都是我和老公彼此鼓励着才上了跑步机。但是，半年后慢慢形成习惯时，才发现有规律的生活的确有一种神奇的魔力，它使得你在该工作时便可全神贯注，该休息时也能去健康地休息，而不是让自己堕落，这样有张有弛的生活对我来说才是可持续性发展的模式。

不忘初心，方得始终

　　工作一年多后，我已经对机构的一切越来越熟悉，工作起来也更加得心应手。那时，我早已不再是新人了，因为机构已经招进了比我更新的新人，使我终于摆脱了当初入职时无论做什么事都得小心翼翼的感觉。那个新人是一个和我年纪相仿的美国女生，也是刚刚研究生毕业，之前的工作经验也特别少。看她第一天自我介绍时声音发颤的样子，我真的很想跑上去给她一个大大的拥抱，告诉她别害怕，我当初也有过这样的一天！然后我才发现，在一个全新的环境中，任何人都会经历这样一段如履薄冰的日子。终于告别了那种感觉后，心里总算松了口气。

随着经验的不断积累，主管在每次派发案子时，就会有意给我一些更具挑战性的案子。我是一个爱接受挑战的人，于是每次都欣然接受了。可是，随着案情变得越来越棘手，自己的压力也越来越大，走着坐着都会不由自主地想着工作，有时连做梦都会梦到关于客户的事。为了做出成绩，那段时间我开始铆足全力工作，心态上面不久便进入了一种恶性循环的状态。接下来发生的几件小事，直接成了我又一轮感情崩溃的导火索。

首先，我有一个特别喜欢的客户，因为他没有按时完成法院指定的社区活动，并继续吸食大麻，而且向我、法官及负责他案件的警官一起撒谎，而被送进了青少年监狱。当你知道一个人前几天还乐呵呵地坐在你面前，但现在竟然已经被关进监狱时，那种感觉真的糟糕极了。我跟男孩通电话，问他是不是现在鼻子已经长得像胳膊那么长了。他问为什么，我说因为皮诺曹说谎的时候鼻子就会长长。他听了以后尴尬地笑了笑，然后向我连声道歉。在那之前，我一直以为一切都很顺利，因为他在学校里的表现得到了老师的表扬，妈妈也说儿子最近乖多了，每次和他见面时我都会因为他的进步而骄傲。可后来，他竟然还是进了监狱。作为负责他心理治疗的我，在这种情况下很难不觉得内疚和自责。我

第五章

总是忍不住地想,要是我当时再努力一些,是不是今天的这一幕就不会上演了。

同批案子里的另一个男孩。第一周,他雄赳赳气昂昂地决定要改变自己的生活,信心满满地和我一起击掌,并列了一大堆新年愿景给我看。第二周,他莫名其妙地开始抱怨生活,和妈妈吵架,大晚上偷跑出去和社区里的孩子们一起吸毒。第三周,因为和同学打架,他被休学一周。他懒洋洋地瘫软在沙发上,迷迷糊糊地放着Bob Marley的一首关于宣扬大麻合法化的歌曲给我听。后来,警察在他的尿检里查出了大麻和迷幻药的成分。他终究还是继续吸食毒品了,尽管他否认。他依然傻傻地看着我笑,说只要他想停止,随时都能做得到。那时,他已经完全被毒品控制了。当一个人的意识被毒品控制时,是无法清晰思考的,只能先戒毒,再做心理咨询。就这样,他被送进了戒毒所。就这样,我又失去了一个孩子。

我真的觉得自己好像在那段时间里特别不顺,一个个大大小小的问题向我涌来,我无力解决,无法喘息。我突然变得对自己很失望,我太想帮助我爱的孩子们,但好像无论我做什么,都没能挽回这样糟糕的局面。慢慢地,我开始怀疑自己的工作。我在想,会不会其实我做的工作根本就是毫无作用的?会不会这些人永远都不会做出改变?会不会心理咨询这件事本身也只是靠运气而已?想着想着,我觉得自己一直以来追求的梦想好像突然失去了意义。

一次督导中,我的顾虑被心思缜密的主管发现了。起初我还佯装出一切顺利的样子,但她反复的关切和询问立刻让我卸下了所有防备,多日以来积蓄的压力和情绪一起爆发了。我开始声泪俱下地给她叙述手头一个个案子的糟糕进展。出乎意料的是,主管听着我的叙述,竟然和我一起流下了眼泪。我们俩彼此给对方递纸巾,活活哭成了两个泪人。

我边哭边纳闷地问她:"你哭什么啊?"她哽咽着说:"因为你让我回忆起了当年刚入行时的自己。"话音刚落,她哭得更厉害了。我连忙追问:"难道你当初也曾像我现在这样不相信改变吗?你曾经也动摇过对这一行的信心吗?"

主管擦擦眼泪,连连点头。她说,我当然怀疑过,当然动摇过。直到现在,我也还是会经常动摇信心。但是,孩子,你要知道,作为心理咨询师,我们并不是去改变别人命运的,因为我们不是上帝,无法命令奇迹在一夜之间发生。**我们所做的工作,只是要往他们的心坎中播撒那颗渴望改变的种子。至于种子会不会发芽,那是他们自己的造化和期许。一本励志书、一场振奋人心的演讲或一次推心置腹的谈话,最多只会在他们的背后小推一下。最终是否决定迈出前进的步伐,以及在前进的道路上要走多远,都要取决于他们自己,因为这是他们的人生,他们应该负主要责任。**如果在接受心理咨询后,他们的生活依然毫无变化,那也只能说

第五章

明是他们自己选择不去做出改变而已。

要知道,任何问题都是陈年累月慢慢形成的,那么自然也得历经陈年累月而慢慢消失掉。**只要我们把渴望改变和相信希望的种子播种在他们的心里,我们的使命就完成了。你要相信,只要这颗种子遇到良土,将来早晚有一天会茁壮成长。只要有那么一天,我们的工作就实现了它的价值。**在这个过程中,没有哪个咨询师能保证见客户一面,就立刻能找出最有效的治疗方案,并立即实施、立即见效。失败固然是免不了的,但不该因为可能失败就害怕尝试。不要害怕尝试,相反,要勇于尝试。如果试了一个两个三个方案,都发现没有用,那么很好,至少我们知道这三个方案是没用的。下次再尝试时,我们就离正确可行的有效方案更近一步了。最终,总会有一个方案是有效的。如果你要是不敢尝试,岂不是会永远原地不动维持现状了?

主管的一席话让我豁然开朗,醍醐灌顶。她真的改变了我的心态,让我又一次开始相信改变。我其实是相信奇迹的,但我总以为奇迹是发生在一瞬间的。离开主管的办公室时,我不经意间瞥见她墙上一个很精巧的挂饰,上面赫然写着"Miracle unfolds gradually"(奇迹之花,正在绽放)的字样。多美好的一句话。**未来某一时刻会发生的奇迹,其实就是由每天一点一滴的小努力而来的。**想到这里,突然觉得一切又有意义了,一切又有盼头了。

和主管见完面的第二周,虽然手头的案子还在艰难地进行着,但我的心态已经完全不同了。我提醒自己要时刻谨记自己的角色，而不能拔苗助长。很久前就懂的道理，现在又有了更深刻的体会。再次来到机构时，我发现办公桌上静静地躺着一本小巧精致的书，叫作《给年轻心理咨询师的27封信》。书上贴了一个粉色的纸条，上面写着："Joy，这本书送给你。它在我年轻的时候曾经多次鼓励和启发我，希望它可以把它神奇的力量也传递给我欣赏的你。**不忘初心，方得始终**。来自Beth。"

嗯，不忘初心，方得始终。

说实话，我觉得能在职业生涯的第一份工作中，就遇到这样一个极具智慧且对下属体贴入微的老板，真的是我的荣幸。她在我茫然无措时给我引导和建议，在我郁闷绝望时给我鼓励和信心，平日还会像朋友一样和我唠唠家常。我从不用担心会因为问出低级问题或表现不好而受到她的责罚。对她，我只有尊重，没有畏惧。

为了曾在职业生涯中遇到过如此智慧的老板，感恩。

生活是一盒巧克力

工作两年多来，我遇到过无数让我感慨颇深的案例，但迄今为止，让我感到最为震撼的是我用TFCBT治疗的一个客户。即便现在结案已经一年多了，但这个案子里的每个疗程依然历历在目。

那是一个十五岁的美国女孩。她长得特别漂亮，一双眼睛总

第五章

喜欢认真地盯着别人看,仿佛能看透你的心。美国女孩子化妆比较早,即便才十五岁,她那满脸黑色系的哥特式妆容起初着实吓了我一跳。看她那身炫酷的装扮,我总感觉她一定为人冷漠,甚至可能会对我爱答不理。疗程还没开始,我仿佛已经看到自己摇尾乞怜地跪求她能吐一句话让我当救命稻草的样子。

没想到,我们的初次见面非常顺利。令我吃惊的是,她有着和这副哥特妆完全不匹配的热情与大方。她开始滔滔不绝后,我才发现她的妆只是一个幌子,她其实只是一个很普通很平凡的十五岁女孩而已。不过,她的滔滔不绝并不仅仅是多词语堆砌的冗长句子,而是十分有逻辑、非常重效率的能言善辩。聊天深入后,我开始惊叹她对自己目前问题的清晰剖析,惊叹她对解决问题的渴望,惊叹她对周边人物心理行为的分析,惊叹她好像并不只是一个普通的十五岁女孩。她就像一本神秘的奇幻书一样,我迫不及待地想要翻开一阅。于是,我欣然接下了这个案子。

见了几次面后,我才发现她是一个智商和情商都极高的聪颖过人的孩子。即便她经历过无数个独自哭泣的夜晚,即便她曾无数次想要放弃,即便她曾对自己做过无比残忍的身体伤害,但好像她心中积极的一面总是能战胜消极的一面。只是,她自己还没有意识到自己有多强大而已。

女孩是从小经历着家庭暴力长大的。爸爸抽烟酗酒吸毒,妈妈抽烟酗酒吸毒。后来父母相继抛弃了她,她不得不搬去和姥姥姥爷同住。很多年后，妈妈莫名其妙地回来了，说是要改过自新，在那之后她与妈妈的关系一直都是时好时坏的状态。因为她是姥姥姥爷带大的，所以女孩待他们如亲生父母一样，听他们的话，尊敬他们，爱戴他们。可她待妈妈却如同姐妹一般，并无尊敬，只要过得去就可以了。很早就消失在她生活里的爸爸后来去学校找过她，可只是为了要钱而已，彼此都弄得很不愉快。仅有的几次电话也都是以争吵结束的。每次的争吵都伴有爸爸对她的人身威胁和粗鲁刺耳的言语攻击：你这个小贱货，你要是再怎样怎样，我就会再去打你……

女孩的手特别抖，自从她被爸爸第一次毒打后就一直抖，抖到现在，已经快七八年了。尤其当别人提及她父亲的名字时，她的手就越发抖动得厉害。我第一次去见她时，她就给我示范拿笔的左手，抖个不停，像一个得了帕金森综合征的老太太一样。

为了搞清楚TFCBT疗法是否适合她，我给她做了两个评估。两项评估里她的各项指标都非常高，看来她的确是患有典型的创伤后应激障碍综合征。于是，我们二人一起兴奋地开始了正式的治疗。可以看得出来她是很开心见到我的，因为每周到了疗程时间，我刚把车停在她家门口时，就会看到她期盼地站在门口等我。

和她工作的整个过程是愉快的、兴奋的、让人盼望的。我其实很少会有这样盼望的感觉，仿佛在某个周日平躺着晒太阳的时候，我会突然想到她，然后心想：天啊，现在要是周三该有多好，

第五章

这样我就又可以见到她了。和她在一起时的愉快，主要因为她是一个很有魅力的孩子。前面说过，她极其聪明，懂得举一反三，无论你和她讲什么新的概念、技巧、点子和道理，她都掌握得极快，并能把同样的道理复制粘贴到其他生活领域里去。另外，她实在太能言善辩了，我有很多次和她在一起时，都感觉好像是她教会了我更多的东西。

除了她的聪明和口才外，最让我感觉愉快的，其实是她那颗愿意变得更好的心。毋庸置疑，每天面对的这些案子里，无数个孩子都经历过这样那样的伤痛，有大有小，有轻有重，但是人的灵活度是不同的。有的孩子经历一点点事情就垮了，放弃了，叛逆了，离家出走，甚至会自杀。有的孩子却天性般的更灵活一些，也就是说他们的逆商比较高。比起别人来说，这样的孩子更容易从失败和伤痛中站起来，他们好像更加宽容乐观，更容易去原谅，即便他们不能忘却。和这样的人在一起，你比较容易能看到希望，仿佛你给他们滴一滴水，他们就会长出整个森林来给你看。不得不说人与人之间的个体差异，以及为什么会产生这种差异，是一个长期令我着迷的话题。

总之，因为种种原因，我享受着每一次和女孩的见面。和她在一起的半年，并不让人感觉像是半年，仿佛我刚刚认识她，整个治疗就已经接近尾声了。这半年来，除了学习很多技巧以供她舒缓自己的症状外，我们一直都在写一个叫作"创伤日记"的东西，就是一个供她回忆自己情感创伤故事的文章。由于女孩极其擅长写作，于是她说她想写一首诗。正当我心想一首诗到底该如何把我们需要写的点都囊括进去时，女孩已经开始低头写作了。没过多久，她拿给我一张纸看，正反面竟已被洋洋洒洒的字盖满了。我越读越兴奋，鼓励她说，不要停，就这么继续写下去。

终于有一天，她完成了所有的创作。一首完整的长诗，打印出来总共三页半。她半倚在床边，开始兴奋地朗读给我听。她边读，我边震撼。这首诗，无论从内容、情感表达到遣词造句甚至是押韵上，都堪称神作。我不敢相信一个十五岁的女孩竟然可以创作出这样伟大的作品来。

这还不是重点。重点是，这首诗里非常委婉地描述了她的父亲对她的影响，他的殴打和辱骂，他的欺骗和绝情，字字句句印在纸上，刻在心里。然而，她的文字并非充满仇恨，反而可以读出一种豁达的宽容和释然。她说，经过这么久的治疗，她发现她已经不再恨他了，打算要原谅他。她说她依然爱他，只是很可惜未来的他已经不再有机会看到这样一个成功的自己。

我们原本的治疗方案是这周写完诗后，要反复读几遍，让她在思想、心理和情绪上做到全面的系统脱敏，之后那周再让她给爸爸打电话分享这首诗。但是，那天她竟非常坚定地说她已经准备好了，想现在就给爸爸打电话。当时我突然怔住了，我没想到她竟然如此勇敢，突然一下不知道该如何做决定，害怕

第五章

万一出现什么紧急状况,我无法应对。这再一次证明,心理治疗的每个疗程都是没法准备的,因为你根本不知道每个疗程的当下会发生什么……

在女孩的理性坚持下,我点头同意了。得到了妈妈、姥姥和姥爷的允许后,女孩从容地拿起了电话。你知道吗,在这之前,她已经有整整五年没有跟爸爸见过一面,仅有的联系只是通过电话,可每次都是简短的几句争吵而已,之后她便会挂掉电话、大哭、崩溃,然后去自残。这是她很久以来的一贯规律。五年后的今天,她终于准备好了。她拿着这首充斥着各种禁区的诗,毫不犹豫地按下了电话号码。那一刻,我的脑子在飞速地构思着各种可能发生的情景……

电话是免提的,全家都能听到。拨完号码后,电话嘟了几声,断线了。她看了看我,问怎么办。我问她,号码对吗?她看了看,又拨了一遍,嘟了几声,又断线了。我以为她要放弃了,没想到她却说,我直接打到他家里吧。我心想,看来这个女孩已经迫不及待地要在今天了结这件事了。家里也没人接。她又尝试了一下手机,这次竟然拨通了。

天啊,通了。她小声地说,并示意大家都安静。

我的手立马掐紧自己的大腿,心脏咚咚地跳,有种呼吸困难的感觉。我紧张,是因为我害怕她的父亲又会说出粗鲁傲慢讥讽的话来打击她,万一我们半年来的进步又被打回原形怎么办……

喂，电话那头一个沙哑的声音阴沉无力地说。

喂，是我，女孩回答道。她的脸涨得通红，手无比地颤抖，声音也在颤抖，我知道她非常非常紧张。我坚定地看着她（我其实是装坚定，心里早就吓死了），希望这份坚定也能让她变得坚定。她回头看着我，坚定地点点头，然后镇定地对着电话那头说，有个东西我想和你分享，这是我花了很久写成的，我想读给你听，可能要花你几分钟时间，你现在方便说话吗？

嗯，说吧。电话那头冷冷地回应着。

女孩又勇敢地说，这是一首我写的关于我人生故事的诗，叙述了我从小到大经历的一些事情和感受。我觉得有必要读给你听一听。给你读完以后，我就要开启我的人生新篇章了。希望你能有耐心听一下。

当女孩说出"开启人生新篇章"时，我明白了。今天，女孩打算和她的父亲永别了。你知道，当你一直以来都害怕一个人或物时，长久逃避是没有用的，只有最终勇敢地面对它，你才能在心中真正把它放下。今天就是女孩想真正把它放下的日子。

废话少说，我这边还要工作，过几分钟就得走了，你快点儿。电话那头又是一阵冷冷的。

好，那我开始读了。女孩定了几秒钟，深吸了一口气，开始朗读她的诗。她一边读，全家一边安静地听着，连趴在一旁的狗都静得出奇。起初，女孩的声音是颤抖的，里面透着胆怯和不自信。

第五章

她读着读着,一旁的姥姥不禁流下了热泪,她强忍着泪水继续耐心地听着。姥爷果断地转身走了,他显然是无法承受这份沉重的回忆。我,自认是一个专业的心理咨询师,但其实也不太擅长控制自己的情绪,有时连看喜剧的动画片都会被感动得哭,更不要说这种场合。于是,我把头侧向一边,佯装认真地听着,其实只是想尽力把自己的眼泪赶回眼眶去。

读着读着,女孩的声音渐渐变得洪亮起来,越读到后边,她越显出了自己本来的自信和坚定。就连读到父亲如何对她不好,她如何悲痛、受挫和煎熬的部分,女孩都没有一丝停顿或退却。到了末尾关于她的人生观及她如何从中成长的部分时,我感觉她已经在为自己高唱凯歌了。是啊,就凭她鼓起勇气敢再次给父亲打电话这件事,就已经证明她战胜了自己内心的恐惧,不是吗?无论父亲最后是怎样的反应,女孩其实都已经胜利了。

诗,终于读完了。她读完的那一刹那,大大地松了一口气。她抬起头,我也抬起头,姥姥擦干眼泪也抬起了头。我们所有人都在静静地等待电话那头父亲的回音。

可是,电话那头却是一片死寂。有那么一瞬间,我甚至以为父亲已经挂断了电话,直到我听到电话那头的一阵长长的叹息声。那是一声非常沉重的叹息声。起初是叹息,然后便是极为尴尬的自嘲的一笑。他笑了一声,又哼了一下,然后感慨地说了一句:"This is so sick!"(这太恶心了!)

我震惊了!

我简直不敢相信自己的耳朵,竟然有一个作为父亲的男人能对自己的女儿说出这样的话!你就算再怎么不爱她,难道不能给予她一丝最基本的尊重吗?你可知道她为了今天,已经付出了多少。可是,正当义愤填膺的我打算介入这段对话时,突然看到女孩的脸上掠过了一丝释然的微笑,妈妈和姥姥继而抱头痛哭。

我纳闷了,她们怎么会这样?难道不觉得被侮辱吗?我继续听父亲的回复,这才发现原来自己会错意了。我突然反应过来,原来"sick"这个单词有一个口头用法,是表达"卓越的,超群的"意思。怪不得父亲后来又反复说了好几遍"太棒了"。

我,终于释然了……

父亲感慨地说,孩子,这首诗,在未来的一两年之内,可能都会镶嵌在我的脑海里挥之不去。他夸女孩是一个十分有才的人,为她加油打气,鼓励她继续坚强地走下去。他顿了顿,哽咽地说道,爸爸对于过去所犯下的错,向你道歉,没想到过去的事竟然对你造成了这么大的伤害。爸爸想告诉你,爸爸的家永远都是一个你随时可以光临的地方,只要你愿意,爸爸永远在这里等着你。女孩听罢,微笑着感谢他说,谢谢你,但是不用了,我有我自己的家,这里有所有我需要的人,我不再需要你了,我不会再给你伤害我的机会。

父亲突然意识到,这可能是最后一次听到女儿的声音了。她

第五章

长大了,她不会再被你欺骗和伤害了,她要彻底和你断绝关系。父亲挣扎着挽回道,好的,我明白,不过以后我们还是可以一起出去喝杯咖啡吧?女孩说,不会再有了,你明白吗,不会再有机会了。父亲又哽咽了一下,漫长的沉默后,他缓缓地说,爸爸明白了……那,祝你一切顺利吧,孩子,你要一直快乐和幸福。女孩礼貌地道谢,然后静静地挂断了电话。

挂断电话后的那一秒,她看着我,眼睛里闪亮闪亮的。

她说,一切都结束了……

我重复道,一切都结束了。

我们同时站起身来,快步走向对方,紧紧地拥抱在一起。毫不夸张地说,她是我见过的最勇敢的人。对于一个曾经无数次伤害过你的人,能有胆量面对他并最终原谅他,这需要的是怎样的勇气和智慧。这一切,都来自于一个仅仅十五岁的女孩。她对我说,她马上就要迎来自己的甜蜜十六岁了,她要去心仪的大学参观,她要规划未来,她要去实现梦想,她要彻底向过去说再见。从此,她不再生活在暴力和被暴力笼罩的阴霾下。

临走时,女孩站在门口拉着我的手,给我讲了一件事。她说,小时候第一次被爸爸毒打后,她就开始反复做着同一个梦。梦里的她要么正在和爸爸看球赛,要么正在和他一起郊游,但后来总是一个人被莫名其妙地抛弃在黑暗里,没有出路。在写完这首诗的第二天晚上,她又做了同样的梦。梦里的她正要和爸爸一起去教堂祷告，一转身，他又不见了，又只剩她一个人孤零零地站在黑暗里。她在梦里想，哎，又是这个该死的梦。突然，眼前出现一道亮光，她顺着光走过去，原来是一扇门。推开门，面前竟然出现了一片阳光沙滩清风海浪的宜人景象。沙滩上坐着她的妈妈、姥姥、姥爷、妹妹和我，还有在这个过程中所有帮助过她的人。看到大家正在开海滩派对，她便开心地向他们走去，和他们相拥。扭头回看的时候，发现身后那扇连接黑暗的门已经消失了，身边的一切都被亮眼舒服的阳光抚摸着。

我听完这个故事，真的觉得好神奇。看到她满脸的释然，我心里有着说不出的激动。我问她，让我再看看你的手，还抖吗？她把两只手放在半空，我俩半蹲着目不转睛地仔细观察，竟然一点儿都不抖了。她幽默地说，我现在终于可以和"帕金森综合征"说再见了。你看，这到底是心理作用呢，还是心理作用呢？

全部疗程的最后一周，我们打算以玩给彼此化妆的游戏来结束这个愉快的旅程。我跟她开玩笑说，我已经过厌了素面朝天的日子，你这么会化妆，干脆教教我如何化哥特妆吧。女孩笑着说，以前总化哥特妆，是因为害怕别人看到她哭肿的眼睛。现在已经告别了需要哭泣的日子，自然也是用不上这么重口味的妆容了。女孩卸了妆，洗了脸，再次从卫生间走出来的时候，我终于第一次见到了她干净素颜的样子。那真的是一个非常清秀的十六岁女孩的面庞。看到她自信爽朗的大笑时，我感觉心里甜极了，就像

第五章

吃了一颗美味的巧克力。

正当我以为最后的疗程马上就要结束时,女孩突然把我拽到楼上的客厅。我惊讶地发现他们全家人都在客厅站着,各个手捧鲜花和蛋糕,一起热烈地鼓着掌。我以为他们那天碰巧有个家庭聚会,没想到,他们却是为我而来。大家簇拥着和我一同坐在了沙发上,女孩站在客厅中央,神秘地从身后拿出了一张纸。她清了清嗓子,郑重其事地读道:"这是一首我写的诗,题目叫作《致我最敬爱的心理咨询师Joy》。"那一刻,我瞬间泪奔了,泪水从眼眶里奔涌出来,停也停不下。女孩在诗歌里描写了和我在一起的每个疗程,并感恩我拯救了她的生命。她说,即便今天就要说再见了,但她会永远记住我的名字,以及我给她带去的快乐(我的英文名字Joy在英语里的意思就是"快乐")。

我永远都忘不了那一天……

这就是我热爱这份工作的原因。你永远不知道下一个转角会遇到谁,会听到怎样的故事,会见证怎样的传奇,会参与进谁的生命变革中。每一天都是新的,等着我去探索。就像《阿甘正传》的经典台词一样,生活是一盒巧克力,你永远都不知道你会从中得到什么。这是我人生中对我具有转折点意义的第二个案子。在它之后,我不但确定了自己未来想专攻的治疗领域(即情感创伤),更坚定了自己作为心理咨询师的信心。即便这一路走下去会遇到各种艰难,但为了一个又一个这样令人难忘的故事,我觉得做什么都是值得的。也许,未来的某一天,我会再写一本书,专门和你分享我这一路上遇到的难忘的故事和难忘的人。

不管怎么样,未来的路还很长,我为自己开了一个好头。我坚信,只要我追随着自己的兴趣一步一个脚印踏实地走下去,生命一定不会亏待我的。

注:以上案例分享得到了客户和主管的许可。为了保护客户隐私,部分案例细节已做了相应调整。

尾声　重新上路

在这家机构工作的两年半里,我总共服务了六十多户家庭,将近八十多名客户。工作小时数总计4176小时,其中与客户面对面的工作小时数为949.5小时,接受督导小时数为109.5小时。凭借着在这家机构积累的工作经验,我于两年半后成功考取了高级临床社工执照,并顺利成为密苏里州的注册TFCBT咨询师。目前为止,全密苏里州一共有31位注册TFCBT咨询师,我是其中唯一一个中国人。

看着这些数据,不禁感叹时间的强大。人的成长就是在时间的嘀嘀嗒嗒中悄无声息地进行的。这些事情要是给两年半前刚毕业,或是五年半前刚到美国的我来看的话,无异于天方夜谭,是连想都不敢想的。然而,这些多年前的目标,现在就这样不知不觉地一一被实现了,真的感觉像是在做梦一样。

第五章

工作了这些日子后,我才开始真正明晰了自己的专业兴趣所在和个人的优势劣势,但即便如此,在处理某些问题上还是会感到有些畏首畏尾,对于一些专业问题和领域还是会觉得一知半解。我问主管,到底工作多少年以后才会真的有那种万事都不怕的感觉?主管的答案是,她当时在这个行业里待够了三年,才感觉拥有了对疗程的方向感及治疗全局的把握性;大概是五年以上甚至更多,才有了一种游刃有余触类旁通的感觉。听了这个答案后,比对现如今自己所处的位置和感觉,发现自己是走在了一条正确的道路上,于是放心多了。一切只需继续坚持下去即可。

两年半后,由于我已经拿到高级执照,打算进行事业上的调整,便辞去了这人生中的第一份工作。在最后一个月里,机构又招进了一个新人,主管把她派来给我带。这是我第一次带新人,感觉特别有意思。她总会跑来问我各种各样简单或困难的问题,其中很多问题在当时同样也困惑过我。大部分问题我都可以给她提供一个令人满意的答案,很多内容的确不是当时别人明确教过我的,而是我经历了多番读书、调研、思考和反复实践才得到的答案。于是我才发现,**在不断的尝试、失败、再尝试、成功的过程中,我其实已经慢慢地形成了适合自己的咨询方式和理念**。回想当初我刚入职的时候,曾经也问过大胡子很多低级愚蠢的问题。那个时候,他总会对我说"别着急,慢慢积累经验,到时候你自然就会有答案了"。在当时看来,这样的"废话"是多么地敷衍了事。可现在看来，很多事情原来的确如此。

离职的那一天，主管为我组织了员工聚餐，人们纷纷给我送来了贺卡和小礼物。我和每个人拥抱，感谢他们，告诉他们能和这样一个优秀的团队在一起共事是一件多么令人感恩的事。说实话，虽然我的工作在后期变得非常辛苦，但团队里的每一个成员依然让我觉得这份工作还是那么值得留恋。**我觉得，在人生职业旅程的第一站就能遇到这样一支积极向上互相支持的团队，真的是我的荣幸。你可以在孤独无助时向他们求助而不用担心被笑话，也可以在烦心郁闷时向他们吐槽而不用担心被告密，更可以在全无方向时找主管求救而不用担心被批差劲无能。** 团队里的每个人不单单是我的工作伙伴，更在日后成了我的好朋友们。他们的存在让我找回了一个一直以来我都在寻找的稀有元素——**归属感**。这真的是人生的一大幸事。

说实话，临走之时，心里还是觉得特别难过。以前工作辛苦的时候，我曾无数次幻想着未来再也不用开车跑到客户家去做咨询的样子。可是，真正离职的当天，我在高速公路上朝着家的方向开去，身后的机构大楼离我越来越远，当我意识到自己从此便不再属于那里的时候，心里还是感到无比的不舍和失落。我茫然地开着车，脑海中回想起两年半前的那一天，自己在同一条公路的相反方向，正要开去机构面试时的情景。两年半后的今天，竟然已经要离开了，瞬间感觉恍如隔世。

第五章

有那么一瞬间,我恍惚地想着,这次离开以后,我就没有工作了,接下来,我这是要去哪里啊?正在这时,老公突然打来电话,说为了庆祝我翻开人生的新篇章,晚上他要给我做我最爱吃的排骨炖烩菜,问我什么时候回家。他的声音突然把我从回忆中拽了回来,回想当初辞职的初衷,我猛然清醒,心头顿时翻起一阵欢欣雀跃的感觉。是啊,虽然当下有种种不舍和失落,但是我的决定是正确的。未来还有许多事等着我去做,我要回国陪家人过年,我要写书,我要找一份更棒的工作。将来,我还要买房子,生孩子,开设属于自己的个人心理咨询室。一件又一件兴奋的事情涌上心头,顿时淹没了之前的失落感。既然已经准备好迎接新生活,就必须得和过去道再见。上一个人生篇章已经结束,下一段冒险旅程马上开始。

幸运的是,在我陪家人过年和全职写书的这几个月里,陆续有一些机构联系到我,有意聘用我去做临床心理咨询的工作,这还要多谢之前主管的热情推荐。虽然由于写书的缘故没能有机会接受他们的邀请,但我依然因为别人对我的欣赏而感到由衷感恩。这要是在几年前,是断断不敢想象的。记得小时候,我心气儿高,做事急躁,妈妈总对我说:"别着急,你要踏实做事,诚实做人,将来只要学好了,你不用去找机会,机会自然会找到你。"那时候,我觉得这是彻头彻尾的自我安慰,世上怎么会有这等美事?现在想来,事情果然如此:**积累锻炼能力,能力保证成绩,**

成绩造就信誉，信誉带来机会，机会又会使你的实力得到进一步的印证和提高。

虽然未来的一切依然是未知的，但我已经不像以前那么害怕了。

对于未来崭新的冒险旅程，我已经准备就绪，整装待发！

第 6 章
人在美国

2009年1月 — 现在

何时才能彻底融入这个国家？这可能是需要漫长的时间才能达到的一个状态。重要的是，不要为了适应而去适应，也不要在这个适应的过程中迷失了自己。你还是你，不需要为了达到某种目的而变成别人。

我眼里的美国式教育

  市面上专门讨论美国教育的书籍浩如烟海,教育家们早已对美国式教育进行了透彻的研究和分析。我不是一个教育家,但由于我的工作性质,平日里有很多机会可以近距离接触到真实的美国老百姓,亲眼看到美国父母与孩子之间的互动。因此,我想和大家分享一些我个人在美国教育方面的有趣观察和感悟。

  谈到美国父母的育儿经,人们最常听到的一个词就是"放养",即开放式教育,意思就是说家长会让孩子从小在相对宽松的环境中成长,通过为其提供适当接触自然和社会的机会,去培养孩子的独立能力和创新思维。这些话听上去实在太抽象了,所以我想分享一个我在工作中遇到的真实案例。他们是第一个让我彻底直观了解美国式教育的家庭,现在每每想起来依然记忆犹新。

这对夫妻大概四十出头，二人共育有五个孩子，三男两女。儿子们分别是十七岁、十四岁和三岁，女儿们分别是十三岁和八岁。说这个案例极为贴切，是因为这家的孩子分别处于不同的年龄段。因此，和他们相处的过程中，我有幸看到这对夫妻在教育不同年龄的孩子时使用的不同方法。我们按照年龄从小到大的顺序来说吧。

对于处在幼儿期的孩子（3~6岁），美国家长在教育方面比较侧重培养他们的价值观，即品德修养，因为这个阶段是孩子形成正确价值观的关键时期。即便他们年龄还小，尚且无法理性思维，但处在这个年龄段的孩子在与他人互动时，依然可以潜移默化地进行信息接收。

拿这个家庭中父母对三岁儿子的教育来举例。有一次，我协助父母制作一张家务分配表格，好让家里的孩子们知道自己需要做哪些家务活。我把我制作的表格草图拿给家长看，草图里除了三岁儿子的名字外，其余孩子的名字都在上面。看到草图后，母亲纳闷地问我为什么三岁儿子的名字不在其中。当时我愣了一下，解释道："因为他才三岁呀，难道他也需要做家务吗？一个三岁的孩子能做些什么呢？"

母亲听后哈哈大笑，耐心回答道："虽然他才三岁多，刚刚开始懂事，可正是因为如此，对他的教育才格外重要。我们希望他能从懂事开始，就学会一些做人方面很重要的价值观，比如爱、尊重、诚实和责任。他需要做的家务很简单，只要每天把他房间垃圾桶里的小塑料袋提到房门口就可以了。其实，做什么家务不重要，重要的是我们想培养他的责任意识。我们希望他能懂得，这个家是爸爸妈妈兄弟姐妹共同享有的，每个人都会把它弄脏，每个人也都有义务把它收拾干净。你既然可以从中获得一些，也就必须为它付出一些，这是每个家庭成员共有的责任，不管你多大。"

听完她的一席话，我彻底震惊了。回想我三岁的时候，好像一切都是爸妈为我打理的。不用说做家务了，只要我不给爸妈添乱就已经很好了。母亲的话音刚落，父亲又补充说，除了责任外，他们还希望孩子们在分担家务时能够培养团队精神和公平意识。在这个过程中如果发生任何冲突和矛盾，彼此要渐渐学会如何独立处理这类矛盾。这样等他们长大后，才能更好地融入多变的工作环境和社会中去。这对家长通过日常琐事对孩子进行道德培养的用意，可见一斑。

对于处在童年期的孩子（6~12岁），家长则会通过经历教育法去培养他们的行为习惯。所谓经历教育法，就是要尽量让孩子从亲身经历中养成良好的做事习惯。经历有好有坏，好的经历能让孩子积累经验，增长见识；坏的经历会让孩子吃些亏，走些弯路，可正是这些教训和弯路才能让孩子牢牢记住一些道理。很多美国父母认为孩子的亲身经历要胜过家长冗长的说教和劝导。例如，即便家长频繁劝导孩子不要碰刚灭火的炉灶，孩子也很有可能会因为好奇心去尝试。只有他们真的碰了，被烫了，留下伤疤了，才能深刻地记住这个教训。不过，这并不是说家长应该放任自流不管孩子，而是说要适度给予孩子自我成长的空间，让他们学会为自己的选择承担结果。

拿这个家庭中父母对八岁女儿的教育为例。有一次，小女孩正在房间里忙着为暑期度假收拾行李。她一边收拾，一边和我分享着多带备用衣服的重要性。一个八岁的小女孩竟然在考虑问题时如此周全，我觉得特别惊讶。后来她才告诉我说，上次度假时妈妈叮嘱她多带衣服，但是她嫌重，没有听妈妈劝，所以只带了两条裙子。结果其中一条不慎被弄脏，只好把剩下的裙子连着穿了三天，丢人极了，当时她就很后悔没有听妈妈的话。因为吃过亏，这次就牢牢记住了。

和她的父母聊起这件事时，我表扬小女孩的自理能力强，考虑问题周全，问这种良好的做事习惯是如何培养起来的。她的母亲告诉我说，只要是孩子自己吃过苦头的事，你就算不教他，他自己也能牢牢记住。我纳闷地问她，难道父母不会想要经常提醒孩子，好让他们少吃些苦头吗？母亲顿了顿，意味深长地说："为人父母的，谁会希望自家孩子吃苦头呢？可是，家长对孩子的过度保护只会在短期有效，长久来说其实对孩子并不好。举个例子，大儿子出生后，我们毫无育儿经验，根本不知道怎么当父母。那个时候，我们总会过度溺爱他，帮他收拾房间，无条件地给他零花钱用,甚至帮他写作业……当时的我们,与其说是家长,还不如说是'全能保姆',现在回想起来很是后悔。仔细想想,一个人如果在小时候就成长在父母为其搭建的温室里,等长大成人进入社会没法再依靠父母时,吃亏的还会是自己。"这么看来,经历教育法对于帮助孩子培养正确的做事习惯的确有它的好处。

对于处在童年期和少年期的孩子(6~15岁),美国家长会鼓励他们通过玩耍和体验去激发个人兴趣、培养想象力和创造力。这个阶段的孩子最常参加的兴趣项目就是童子军。童子军有些类似国内的夏令营,主要通过各类实践项目、户外活动和技能训练(包括野外生存、手工、木工、急救、水上运动等训练),对孩子进行体能、技能和智力上的培训。例如,这个家庭里十三岁的女儿和十四岁的儿子经常会兴奋地和我分享,说他们在童子军里学会了搭帐篷、生火、打结以及在野外用不同的方法辨认方向。在这个过程中,他们不但掌握了新技能,而且通过长时间和团队的相处,获得了服从命令、遵守规则、团队协作和创新思维等能力。

对于少年期的孩子(12~15岁),除了培养想象力和创造力外,另一个极为重要的教育目标就是培养他们的独立观念。实际上,独立观念是贯穿美国家庭教育始终的,大多数美国孩子在很小的时候就学会了一点——无论你是谁,在这个世界上你唯一应该且能够依靠的人只有你自己。可是对于小孩子来说,这种独立观念是如何形成的呢?我还是想举这个家庭的例子。

第六章

这个故事发生在十四岁儿子的身上。有一次,我兴奋地问他这个暑假打算怎么过。我本以为他会激动地告诉我一些好玩的事情,没想到,他却若有所思语气严肃地对我说:"跟你说实话吧,我觉得我该找份工作了。"这句话出自一个十四岁男孩的口里,当时我就惊呆了,纳闷他为什么不想出去玩,偏偏想找份工作。男孩说,正是因为他想和邻居家的孩子一起骑车出去玩,但他却没有自行车,所以才想找份工作赚些钱。起初,我以为他的父母不愿意给他买自行车,他却解释说:"老爸是同意给我买的。但是,我看中的那辆自行车特别好,要两百美元。老爸说他愿意资助我一百美元,剩下的一百我得自己想办法。"

原来如此……

我疑惑地问他,你才十四岁,能找到什么工作呢?听了我的问题,男孩脸上洋溢出自信的笑容:"虽然我还没到法定工作年龄,但我还是可以做很多工作,比如帮邻居锄草。假如我每天干半个小时,每半个小时赚五美元的话,两天我就可以赚十美元了。这样算下来,不到一个月我就能赚够一百美元了!"看着他兴奋的样子,听着他缜密的计划,我不禁打心眼里佩服面前这个只有十四岁的孩子。后来再见到他时,他正在奋力地推着割草机在邻居家门前的草坪上来来回回。看到我时,他很酷地用右手向我比画了一个代表胜利的"V"字,示意我他找到工作了。一个月后,男孩果然买到了自己心爱的自行车。他开心地告诉我说,这是他凭自己的劳动赚到的第一份"个人财产"。

以前听说美国人在很小的时候就得出去工作赚钱,我以为那是因为他们的家长拒绝为孩子支付生活费或学费,使得他们要尽早学会养活自己。当时我还在感叹他们家庭观淡薄,父母与孩子之间关系不亲密。可是,亲眼看到很多事情以后,我才发现我当时的论断的确有待商榷。其实,大部分美国家长都会为孩子提供经济援助,只不过他们同时非常注重培养孩子在经济方面的独立意识。他们认为,一味地无条件无节制地给孩子花钱,可能会在一定程度上削弱他们的责任感和独立性。久而久之,孩子可能会习以为常,甚至会觉得从父母那里得到的一切都是自己应得的。

讲到这里,就要提到这对夫妻的大儿子了。这个十七岁的男孩是家里的长子,从小在溺爱的环境中长大,过着衣来伸手、饭来张口,对父母呼之即来、挥之即去的生活。起初,父母对他有求必应,3C产品、音箱、架子鼓、大型游戏机等,男孩应有尽有。渐渐地,他对这种奢侈的生活方式上了瘾,整日赖在家里玩网络游戏,无节制地刷着父母的信用卡。当父母意识到问题的严重性时,为时已晚。每次父母鼓起勇气拒绝男孩的要求时,男孩就会自残或威胁自杀。

即将步入成年的他,对这个世界充满了恐惧和憎恶。他意识到,成年之后,父母从法律意义上就再也没有抚养他的义务了。他不敢想象一切都得靠自己的世界是多么恐怖,因此他觉得无助极了。身边的同学在十七岁这个年龄时,早已考到了驾照,并有了他们人生中的第一辆车和第一份兼职。可是,除了父母给予他的那些东西以外,这个男孩一无所有。

和他的父母聊起这个话题时,父亲说的一段话让我记忆犹新。他说:"作为家长,谁不心疼自己的孩子呢?我很想把尽量多的家产传承给他,好让他以后过上舒适轻松的生活。但是,正是由于我们之前对他的过度溺爱,才使得他在小时候没能形成独立意识和责任观念。现在想来,后悔莫及。我们就算有财力继续养他,也一定是短期的。将来等我们老了,没法再赚钱给他花的时候,除了自己,他还能依靠谁呢?现在我才明白,对孩子的爱应该是理智的,并是有利于他们长远发展的。溺爱式或保姆式教育虽然在短期看来是为了孩子好,但在长远看来却是害了孩子。"

听了这位父亲的话,我突然觉得,很多美国家长对孩子的关怀虽然不是那么无微不至,但这可能是因为他们希望给予孩子更多自我成长的空间。在美国的家庭中,孩子享有很多权利,但同时也有很多除了学业以外对家庭的义务。正是如此,在很多关乎家庭发展的问题上,家长通常都会认真倾听孩子的意见,因为无论年龄大小,每个孩子都会被当作独立的个体去平等对待。而在有关孩子个人发展的问题上,大多数父母都只会给予一定的引导和建议,但最终做决定的还是孩子自己。做出决定后,父母通常都会选择尊重和支持孩子的决定。

正是因为很多美国人从小就养成了独立思考的能力，并在家庭和学校的环境中找到了个人兴趣，他们在步入大学时才会更加热情地投入到自己选择的专业中。他们的校园教育，下到小学，上到博士，都十分重视一个人思辨能力的培养。他们鼓励创新，鼓励质疑，鼓励与众不同，鼓励打破常规去创造出更好的东西来。他们认为，每个人都是世界上独一无二的。无论你胖瘦美丑，都有值得他人欣赏的一面，因此一定要为自己和自己所做的事感到骄傲。有时我不明白为什么很多美国人看上去总是那么自信，甚至有些自负。现在想来，原来如此。

在美国学习工作的这段时间的确改变了我在教育方面的一个观念。我曾经以为教育是一个只局限在校园里的活动，觉得人就是应该从小学一路读到大学，最好能读个硕士，如果硕士之后还是找不到工作，就该继续去读博士。后来，我才渐渐明白，**教育其实不仅仅发生在课堂上。无论是读书、实习、志愿者或是工作，哪怕是跟周围人进行交流，其实都算得上是在接受教育。**有的时候，人在实践中学到的东西甚至会多于书本。这就是为什么我感觉我在工作两个月中学到的东西，要远远大于在华大读书的那两年。书本知识可能会引起你对某件事的好奇，但亲身实践才会让你知道自己是否真的喜欢它、适合它。

这也就很好地解释了为什么一些美国人高中毕业后就会开始工作，工作数年后，又会在三四十岁或五六十岁时回归到校园里

第六章

继续深造,真正实践了"活到老,学到老"这句话。记得我在华大读书时,结识了一个同学。四十多岁的他之前在美国交通部工作了很多年,后来由于不再喜欢那份工作了,便毅然决然决定重归校园攻读社会工作。毕业后,他找到了一份不错的社工工作,专门负责帮助各国移民解决经济困难。前不久,他在Facebook上更新状态,说他明年要去纽约大学攻读法律专业,因为他在这几年的工作中,发现法律问题才是导致移民无法获得很多经济权益的根源。此时的他,已经五十岁了。

我问他,处在这个年龄的他是如何有勇气放弃现在的工作,重返校园继续攻读新学位的?他幽默地反问道:"难道我很老吗?我可没觉得五十岁时选择放弃工作继续读书是一件需要勇气的事。我只是想扩充自己在法律方面的知识而已,拿不拿学位无所谓。等学到我想学的东西后,我就要继续回去工作了。过去三十年里,我一直都在工作、学习、工作、学习。每当我发现肚子里没墨水的时候,就会重返校园充实自己;等觉得自己学够了的时候,我就会马上开始工作。每次我的决定都是追随个人兴趣做出的。即便其中会有风险,但是我很快乐。"

他的一席话让我进一步意识到,对于美国人来说,教育其实是一个很宽的概念,而学校教育只是教育这个大概念里的一部分。很多时候,他们只有在目标极为明确的情况下,才会选择继续接受学校教育。如果发现自己能从实践中更好地丰富和扩充自己的话，那么他们可能会毅然决然地选择步入社会，这也就很好地解释了为什么这个社会中的一些精英都没有接受过大学教育，因为他们凭借着自身的自学能力，早已在社会这个大课堂上学到了他们需要的一切。

和我们相同的是，美国人也非常重视教育，尤其在竞争日益激烈的今天，大学文凭的确会对一个人未来的事业发展起到巨大的帮助作用。不过有趣的是，对于一些美国人来说，拥有一个大学学历并不是必需的，只要你有足够坚强的实力，凭借高中文凭也依然可以在这个社会上立足。他们认为，名校固然可以给人带来光环，但就算不是出身名校，也有很多其他方法可以弥补，例如你的踏实付出或实践经历等。

不过，美国的教育体制并不完美，它也存在很多弊端。正是由于美国人对独立个性和社会实践的鼓励，导致很多孩子过早地接触了社会。一个人在还未形成完整人格和判断力时，是很难在遇到诱惑时把持住自己的。因此在美国，一些孩子在无法抵御来自同龄人的压力时，会比较容易去尝试毒品、酒精或性行为，这些问题一直以来都让美国的教育学家和家长们担忧极了。

在结束本节内容之前，我想强调一点。以上的内容和感想大多基于我和部分美国家庭的工作经历，而且由于篇幅有限，没法在很短的章节中全面地探讨如此宽泛的一个话题，因此可能会带有一些局限性。像世界上的其他所有国家一样，美国也有各式各样的家长，教育方式也都因人而异，不能一概而论。我并不觉得他们的教育方式值得全盘吸收，因为它不但本身就有弊端，而且由于文化环境不同，适用于他人的方式并不一定适用于我们。因此，鼓励大家可以批判地借鉴和吸收，因人而异地找寻出适合自己和自己孩子的教育方式。

美国人的婚恋家庭观

出国之前，我对美国人的印象之一就是他们的性观念十分开放。每次看好莱坞电影时，面对各种夸张的激情桥段，我总会禁不住感叹道：老外实在是太开放了。从那个时候起，我对美国人在婚恋方面的印象就不是太好。可是，在这里生活了这么多年后，很多亲身经历和观察让我开始重新审视他们的婚恋观和家庭观。我渐渐发现，真实生活中的美国人好像并没有我以前想的那么开放，大部分人的保守程度甚至远远超出了我的想象。

先来说说美国人是如何谈恋爱的吧。在美国，两个人相识以后，如果对彼此有兴趣，就会一起出去约会。然而，美国恋爱文化里的"约会"只代表着两人希望通过独处去进一步了解对方，并不代表着他们已经确定了恋人关系。因此，即便你在与他人约会，你实际上还是处于单身状态。而且，为了找到最适合自己的人，你在同一时期甚至可以和多个人出去约会。约会时，两人可以牵手或接吻，甚至发生关系，具体尺度完全因人而异。观念较为开放的美国人可能会在约会期间和不同的人发生关系，但观念保守宗教信仰强烈的人会连婚前性行为都无法接受。由于约会期间双方都还是单身，因此无须对对方负责或做出任何承诺，彼此通常也不会带对方去见自己的好友或家人。

经过约会阶段的接触和了解后，如果两人觉得彼此不合适，就可以停止约会。不过，这并不能算是"分手"，因为约会期间的关系并不是恋爱关系。相反，如果双方对彼此都心生爱慕，那么就会进一步确立长期的恋爱关系。至此，双方正式告别单身状态，改口以男女朋友相称。这样的恋爱关系一经确立，双方就会十分认真地对待彼此。他们会尊重对方，为对方负责，并会百分之百地忠于对方。由于这种关系的排他性，任何与第三者发生关系的行为都会被视为背叛，是绝对不能被接受的。经过一段恋爱期后，如果一切顺利，男方会在征得女方父母同意的情况下向女方求婚，继而步入幸福的婚姻殿堂。

这样看来，西方人的恋爱文化的确与我们有很大不同。简单地说，在东方文化中，我们习惯先确定恋爱关系，再去约会和相处。相反，西方人则习惯先经过一段时间的相处和了解，再去确定恋爱关系。我之前印象里关于美国人的"开放"，其实也只发生在他们依然单身的时候。实际上，他们中的一些人在年轻时——尤其是高中和大学期间——都会经历一段看上去比较疯狂的日子。在那段日子里，年轻气盛的他们会大胆地尝试很多新鲜事物，很

第六章

多好莱坞电影就是围绕他们的这个人生阶段大做文章。然而，年轻时尝过鲜后，大多数人在成年或结婚时，都会回归正常的家庭生活。

说实话，当美国人回归家庭生活后，他们极强的家庭观念是我之前从未料到的。记得在华大读书时，每位教授在进行自我介绍的时候，都会毫不吝啬地谈及自己的家庭。他们会骄傲地向学生们介绍自己的配偶和孩子，甚至会在幻灯片上秀一秀幸福的家庭照。工作以后，我更是发现每个同事的桌上都摆放着他们和家人的生活照。平日里聊天时，他们更是三句话不离自己的爱人和孩子。从他们的一言一语和闪着幸福光芒的脸上，你就可以清晰地感受到他们有多爱自己的家人。

另外一个有趣的发现是，美国的已婚男女都会无一例外地在左手无名指上佩戴婚戒。在初识陌生人时，他们往往都会主动介绍说自己已婚。他们会把配偶的照片放在钱包里随身携带。很多正式或非正式的场合下，只要可以，他们一定会尽量邀配偶一同前往。工作场合中，已婚人士在单独和其他异性谈及非工作事宜时，都会拘谨地保持一定距离，往往是随便寒暄几句就走开了。下班后，他们一定会用最快的速度开车回去陪家人。

他们浓厚的家庭观念另外的表现形式，就是他们做任何事都是以家庭为单位的。无论是下班后的小聚，还是周末户外郊游，无论是看球赛，还是赏画展，一定都是夫妻二人或N口之家一齐出动。尤其当孩子在学校里有任何类似话剧表演或球赛的活动，父母双方更是会请假前往参加。当孩子步入大学校园后，无论多么遥远，父母亲朋都一定会尽量出席孩子的毕业典礼，因为对于美国人来说，毕业典礼是人生中最重要的时刻之一。

实际上，美国人浓厚的家庭观念不单单体现在核心家庭（即夫妻二人和孩子）上，它同样也体现在包括祖父母一辈的扩展家庭上。举一个我身边十分形象的例子。我老公的姥姥和姥爷是一对耄耋之年的恩爱夫妻。他们从十八岁相识相恋开始，结婚至今已有整整六十五年之久。二老膝下育有十个孩子，四十多个孙子孙女和十多个曾孙子曾孙女。身体硬朗的他们独自住在一座小山上，平时会定期开车下山，挨个去十个孩子家串门。过年过节时，全部十个家庭都会拉家带口上山找老两口聚会。四世同堂，其乐融融。

我起初觉得很好奇，他们年纪这么大了，为什么不和孩子们一起住呢？大家也好有个照应。听了我的困惑后，姥爷乐呵呵地说："谁说人老了就一定要和孩子一起住？首先，我们都是成年人，谁也不用照顾谁，要是真有什么事，自然会有医生护士来照顾我们。其次，早些年头看这十个娃已经看够了，现在让我们俩清闲清闲吧。"他的这个答案，充分体现了美国人在家庭关系中彼此平等独立的观念。

其实在美国，很多老人都会选择单独居住，如果到了无法自

第六章

理的地步，相比起和子女同住，他们更倾向于雇佣看护或搬去养老院。由于美国的养老院可以为老人们提供非常专业的医疗护理服务，因此对于他们来说，住进养老院只是父母出于健康原因做出的个人选择，与子女是否孝顺并无关系。记得老公的奶奶在她晚年的时候，由于病情恶化住进了一家私人疗养院。那段时间，我的婆婆几乎每天都会去疗养院陪她。她会给她送去亲手做的饭，喂她吃饭，给她擦拭身体，陪她看照片，给她讲故事。过年过节时，婆婆还会带着教堂唱诗班的成员或宠物园的小动物们，一起去疗养院看望那里所有的老人。他们会为老人们唱歌，一起做游戏，并让小宠物们陪伴他们。很多时候，当我看到我的婆婆这样悉心地照料着她的婆婆时，就会由衷地为之感动，并深深地敬佩她。

姥姥和姥爷虽然不和孩子们住在一起，但他们和每个家庭成员的关系十分紧密。全家将近一百号人（包括每个家庭成员的配偶），无论是什么节日，姥姥姥爷都会准时为我们每个人邮寄精美的祝福贺卡。举个例子，每年在我和老公的生日、结婚纪念日、复活节、感恩节、圣诞节甚至情人节时，他们都会给我俩寄来贺卡表示祝福。我们结婚三年多来，一张都没有落过。可想而知他们二老对这个大家庭中的每个成员是多么重视。

不仅长辈会疼爱后辈，后辈对长辈也是百般孝顺。每年到了二老的生日和结婚纪念日时，全家都会举办大型家庭派对。在派对上，十个孩子会穿着不同的制服表演喜剧，博二老一笑。他们还会播放老人们年轻时的录像给全家看，逗得大家哈哈大笑。我看看屏幕里那对甜蜜的年轻恋人，再看看眼前已经八十多岁的他们，虽然现在的他们脸上多了很多皱纹，但那两张笑脸上洋溢着的幸福却从未改变。看着当下沉浸在天伦之乐中的他们，我不禁感叹，对于美国人来说，好像真的没有什么比家庭更重要了。

事实也的确如此。调查结果表明，大多数美国人都认为家庭是人生中最重要的东西。我想，这可能是跟他们社会的价值观有关系的。很多美国人秉承的价值观都与他们的宗教信仰紧密相连，比如孝敬父母、不可杀人、不可奸淫、不可偷盗、不可觊觎他人财产等等。因此，他们对父母和配偶的爱与尊敬也早已根深蒂固地扎在了每个人的思想里。我觉得这一点是跟我们的中国文化非常相似的。正因为如此，家庭的成功，在美国社会便被普遍作为衡量一个人是否成功的最基本的因素。

那么，难道事业就不算是衡量成功的重要因素吗？当然算。可是，**在很多美国人看来，事业固然重要，但是家庭更重要。甚至可以说，家庭的成功是事业顺利的前提和基石。他们认为，比起事业，一个人的家庭生活成功与否，更能从根本上说明这个人的为人。**记得2005年时美国爆出了一条十分轰动的新闻：波音公司总裁由于陷入婚外情，被董事会弹劾了。弹劾会上，当初和这位总裁共事多年的一位好友对他说了这样一句话："哈里，你是一个很棒的总裁，但是在这件事（婚外情）上，你却犯下了一个无法弥补的错误。你对与你相伴多年的妻子都无法做到忠心，我们还怎么能相信你会对公司忠心呢？"这么看来，在美国社会，当一个人走进婚姻后，他是否尊重配偶、忠于对方，是否是合格的父母，的确是他人用来判断他人品的关键因素。

不过，任何国家都有各种各样的人，他们信仰不同、观念不同，自然也会有不同的处事方法，因此不能一概而论，以上的感想也只是基于我的个人经历和周边观察所得而已。但是，亲身经历了一些事情后，我的确发现我之前很多先入为主的看法其实并不客观，也不全面。现在的我知道，除了所谓的"开放"以外，美国人在婚恋观和家庭观上，原来还有我以前不曾看到的另外一面。

哪里的月亮比较圆

自从来到美国留学后，总会有亲戚朋友问我，到底是中国好还是美国好，国外的月亮是不是真的比国内圆。实话实说，我觉得这是一个无从答起的问题，因为根本没有一刀切的答案，更没法简单地用"好"与"坏"对双方进行评价。

对于我来说，中国是我的家乡，是我出生成长的地方，她的文化历史等一切都深深烙印在我的心里。无论走到哪里，无论她是否完美，她都是一个我永远牵挂的地方，我的心情会跟着她的好坏时起时落。血浓于水，这是谁都无法改变的道理。而美国是我的第二故乡，是我实现梦想的地方，是我组建家庭的地方，是让我作为一个人变得更为豁达和成熟的地方。她让我重新认识了世界，重新认识了自己。因此，两个国家各具特色，对我个人而言意义也完全不同，根本无法进行硬性比较。我一直都觉得，草率武断、以偏概全地评断事物的好坏，都会显得有失偏颇。

在国内生活觉得辛苦的人，有时会想要举家移民国外，认为国外的生活一定是一片敞亮。回头看看这本书里之前写的内容，好像也都是在侧重描述美国社会的积极面。实际上，现实并非仅仅如此。我在本书中没有选择侧重描写美国社会的消极面，不是因为它不存在，而是因为大众可能已经在媒体上对这方面有了一定的认识。

事实上，一些美国人的生活的确像好莱坞电影里描写的那般疯狂，虽然这只是社会中很小的一部分群体。校园枪击案、不合理的医疗体系、毒品泛滥等诸多社会问题，也都会令美国的民众担心。在这样的社会环境下，美国人的生活并不是绝对的好，也并不像我们想象中的那样轻松愉快。有时，他们可能会比我们更拼命更劳累，但幸运的是，大多数人都有足够的自由去选择自己喜欢的生活方式和爱好兴趣。因此，在劳累的同时，他们也享受着做事的快乐。

对于来到这里的移民或留学生来说，由于语言和文化障碍，一些本就不易的事情就会显得更为困难。但幸运的是，只要能在起初最困难的阶段咬牙坚持下来，当你适应了这里的环境后，可能的确会生活得相对较舒适一些。最初我刚来美国时，也过了一段看不到未来的生活，每天只顾得上想着该如何把当天的任务做完。不过，在我终于克服掉语言、文化、学业和求职方面的种种困难后，现在的生活让我觉得当初的所有付出都是值得的。实际上，无论你在哪里，只要打算靠自己，就没有一天是可以歇息下来的。国内有国内的不易，国外有国外的辛苦。在困难面前，哪里都是一样的，只不过面对的具体困难不同罢了。

除去困难以外，对两个国家生活的评价，就是一件仁者见仁智者见智的事了。实际上，**无论你选择哪里，都像是选择了一种生活方式。不同的生活方式之间本就无所谓好坏，只有适合不适合**。某种生活方式是否适合你，只有你自己才知道，就好比鞋是否舒服，只有脚才知道一样。**选择一种自己喜欢且相对来说更适合自己的生活方式，然后扎下根去**。在这个过程中，即便会辛苦，即便会有不完美，但既然是自己的选择，相信你一定能更坦然地看待这一路上的种种风景。因此，**谁的月亮都不比谁更圆，只有你心里喜欢的那轮明月才最圆最耀眼**。

我的成长感悟

关于适应

我对于留学生活的适应，是一次死而复生的过程。像我之前说的,一棵在中国生根发芽的小树,突然被连根拔起,移植到了一片陌生的土壤中。要想在这样的异质环境中存活下去,任何植物都得经历一番痛苦的适应过程,无论它之前有多么繁茂。

对我来说,适应过程中最大的障碍就是语言。即便我是英语专业出身,即便我的托福口语考了28分,即便我听译过很多美国电影,但刚到美国时,我还是因为无法适应这里的语言环境而消极生活了很久。原因很简单,我们用来衡量个人英语水平的考试与真实的美国生活之间的差距实在太大了。因此,如果之前肚子里没墨水,就必然得在新环境中经历痛苦又漫长的注水过程;如果肚子里有墨水,那也一定会因为文化冲击和心态作祟而经历一段倒不出水的过程。

适应语言,首先要从改变认知开始。你一定要知道:第一,无论英语水平如何,你一定会像其他人一样遇到一个很大的语言坎。在适应语言方面,对于刚刚出国的那些土生土长的中国人来说,那种零障碍无压力完美对接的情况基本是不存在的,因此要提前做好心理准备。第二,不要以为待在这个环境中,语言就会自动进步。你如果不去主动练习,语言水平不但不会进步,反而会退步。因此,一定要勇敢地拿出屡败屡战不断尝试的决心去攻克这个难关。

懂得了适应语言这个过程的本质其实就是不断摔跤再不断爬起来之后,第二步就是去主动摔跤,即主动把自己暴露在全英文的环境中，并有意识地去反复练习。无论你找谁——班上的老师同学，或是咖啡店的帅小伙，或是菜市场的卖菜大妈，或是电信公司的客服代表——你必须恬不知耻地和他们主动练习说英语。不管你和他们聊天气也好，谈文化也罢，哪怕是跟他们砍价，都是能帮你提高口语的好方法。实际上，只要你有练好英语的决心，总会找到适合你的路。

在这条路上，那些犯了语法错误而使自己表达不清的困惑，那些he和she不分而使对方丈二和尚摸不着头脑的尴尬，那些一时之间不知该如何表达自己而卡在那儿的纠结，一定会不断上演。但是，这些都是必经过程，每个人都会遇到。不要管它，继续走下去，只要多说多练，经过慢慢积累，英语能力自然就会有长进。总是待在宿舍里看韩剧，或是和中国学生一起玩"杀人"游戏，是永远不可能使自己的英语水平进步的。语言障碍的确是适应留学生活的一大劲敌，但只要能在这方面有所突破，后续的很多事情就会更容易解决一些了。

除了语言之外，适应过程中的第二大障碍就是学会如何独立生活。说实话，虽然在国内上学时我很早就过上了住校生活，但当时我的独立能力其实并不强。平时饿了就吃食堂，衣服脏了就拿回家给妈妈洗。来到美国以后，我才有史以来第一次过上了完全独立的生活，并要为生活里的每件大事小事做决定。

起初真的很不适应，我觉得上课、写论文、兼职、实习四手抓四手都要硬的生活已经够艰难了，根本没有额外的精力去考虑如何料理好自己的生活。因此，最初的一段时间，我的生活十分混乱，吃饭总是有一顿没一顿地凑合着，冰冷的西餐总是吃得我胃疼，而自己又没有足够的资金天天去饭馆吃中餐。逼不得已的情况下，我才开始学习做饭。那种明知很难吃但却还吃得很开心的日子，现在想起来依然无比怀念。渐渐地，我习惯了独立的生活。临近毕业时，生活已经完全摸出了规律，不仅在学业上游刃有余，厨艺也进步了不少。更夸张的是，我还逼着自己学会了给汽车换轮胎、换机油，真正过上了女汉子般的生活。

然而，当我终于克服了语言关，同时也彻底独立之后，有时还是会感觉自己与周围的一切格格不入。因此，"我到底该如何融入美国社会"便成了一个长久困扰我的话题，它可能也是我曾经久久无法彻底适应这里生活的根源。

说实话，起初我为了融入这个社会，总会有意无意地去迎合身边的美国人。比如，在言行举止中我会刻意模仿他们的样子，谈话时我会试图挑些对方感兴趣的话题。我以为，只有变成他们那样，我才能够被他们接受。但是，这样尝试的结果可想而知——我本身就不是美国人，却非要生硬地模仿和照搬他人，这无异于东施效颦，邯郸学步，不但出糗的往往是自己，还让内心觉得无比纠结。

这个让我头疼已久的问题在我工作后才得到了彻底的解决。

第六章

那时,我们机构的IT部门有一个名叫John的老头子。他在机构做兼职的同时,还运营着自己的私人公司。他的公司在中国有很多业务,因此常年来往于中美两国之间。我刚入职的第一周,他就向我热情地介绍自己。很显然,他对有关中国的一切都感兴趣极了,因为上到中国文化和经济发展,下到中国老百姓的衣食住行,他总是有问不完的问题。别的东西我可能不太懂,但要是聊起中国的话,在这个机构里,还有谁会比我这个土生土长的中国姑娘更有发言权呢?因此,因为这个话题,我和John便结成了好朋友,每次在机构碰到他,两人一定会站在墙角聊很久。

John告诉我,很多美国人都对中国十分感兴趣,非常渴望能对她的人民、文化、历史等一切有更加深入的了解。渐渐地,我成了机构里的"文化使者",大家总会在休息的时候凑过来和我聊天,而每次聊天时都会聊到中国。我会为他们介绍中国发展的新面貌,消除他们心中的疑虑或媒体带来的偏见,客观地告诉他们真实的中国是怎样的。同事们总是因为从我这里了解到了更多关于中国的趣事而感到满足,我也因此而觉得骄傲和自豪。

久而久之,我发现其实我根本**不用为了融入对方而刻意改变自己**。如果非要强迫自己变成对方那样,即便能融入他们,对方可能也不会真正打心底里去尊重你。相反,当我真正勇敢地做自己,自然地展现自己最真实的一面时,反而会吸引来很多朋友。原来,**我有别于他人的一面,才是可以让我立足的一点**。

我突然想到一个有趣的例子。一个毛头小子十分崇拜赌神，于是他便把自己打扮成赌神的样子，出入赌神出入的场所，抽赌神抽的雪茄，以为这样就可以变成赌神。可是，那些真正可以称得上是赌神的人，不是因为他们的雪茄或服装，而是因为他们傲人的天赋、精湛的技巧以及智慧和胆识。毛头小子之前学的只是皮毛而已。要是不能洞悉事情的本质，没有属于自己的风格和内涵，只是一味地刻意模仿，那他这辈子都不可能成为真正的赌神。

这件事引发了我对我在这个国家里的自我定位这一问题的思考。记得以前读过一篇文章，叫作《中国文化+美国精神》，是一位在普渡大学攻读博士的中国男生写的（因为未能找到原文出处，所以不知道作者名字，在这里郑重感谢他的文章对我的启迪）。作为一个中国留学生，他在文章里对他在美国社会的自我定位进行了讨论。他说，他希望做一个中国文化的传承者和美国精神的弘扬者，更重要的是要成为这两者的有机结合。

我想，所谓的美国精神，应该指的就是美国人公平竞争、奋斗拼搏、踏实肯干、不断创新的精神。而所谓的中国文化，就是我们国家几千年历史发展至今，一直保留在每个中国人血液里的东西。我作为一个在美国生活和工作的中国人，其实既不应该夸大或弱小中国文化，也不应该摒弃或神化美国精神。我应该像这篇文章的作者一样，尝试将两者融合在一起，从两种文化中各自取其精华，去其糟粕，这样才能让自己成为一个更包容更优秀的人。

至于何时才能彻底融入这个国家,这可能是需要漫长的时间才能达到的一个状态。要说具体年数,我觉得这是因人而异的。有的人天生好交际,可能三五年就已经有了归属感;有的人天性内向,很可能十余年时间也还是不够。**重要的是,不要为了适应而去适应,也不要在这个适应的过程中迷失了自己。你还是你,不需要为了达到某种目的而变成别人。**这就像恋爱一样,一味地为了迎合对方而改变自己,并不是聪明的长久之计;只有那个因为你是你而爱你的人,才值得跟他一辈子。

总之,留学生活不是天堂,它可能真的会比国内的学生生活辛苦好几倍。因此,即将展开留学生活的同学们,一定要在心理上做好吃苦的准备。"我到底该如何适应当地的生活"是每一个刚到国外留学或移民的人都会思考的问题。其实,相比一个结果来说,"适应"更关乎的是一个过程。在这个过程中,当你已经几乎快要忘掉"适应"这个概念,而把更多的精力放在一天又一天的生活中时,那么你基本就要适应得差不多了。

其实,一个人的一生,就是从无到有、再从有到无,从稚嫩到成熟、再从复杂到简单的过程。在这个过程中,你会失去一些以前觉得宝贵的东西,但也会得到一些现在认为更宝贵的东西。经过一轮又一轮的磨炼和挫折,我们慢慢成长为成熟的人,成长为可以独立做决断做选择的人,并会为自己一个又一个的抉择收获成果或付出代价。要记住,付出多少努力,就会收获多少回报,这是我永远都坚信的真理。从这个角度来看，虽然留学生活辛苦无比，但是我在整个适应过程中付出的一切，现在看来都是值得的。也正是因此，我觉得出国留学是我这辈子做过的最为正确的决定之一。

关于比较

生活是自己的，与他人无关。

这是我在美国这几年体会到的另一个感悟。

其实我小时候是一个特别爱和别人较劲，而且总是把输赢看得很重的人。那时候，我总希望自己弹琴弹得比其他人都好，运动会接力赛永远都能跑第一，就连玩电子游戏都要试图把每款游戏的成绩打到排行榜的第一名。可是，那时的较劲，并不是希望自己做得更好，而只是单纯地想要赢而已。来了美国后，这个毛病还是会间歇性地发作，每当发现自己从各个角度和层次都不如身边的美国同学或同事时，就会感到无比自卑，信心全无。

后来，随着时间的流逝，这个缺点在不知不觉中开始慢慢消退，我想这可能是跟一个人的年龄有关吧。年龄越大，就越会意识到生命的短暂和宝贵。每当我发现自己竟然把很多宝贵的时间浪费在与不熟识的人的比较上面，就会觉得自己很可笑。更重要的是，当我知道自己比别人好的时候，除了满足了看不见摸不着的虚荣心外，对自身其实没有任何实质改变。而当我知道自己比

第六章

别人差的时候，其实也只是给自己徒增烦恼而已。这么看来，与他人的盲目比较根本就是一件有百害而无一利的事情。

尽管从某种程度来说，比较可能会给自己增添一些动力，经常看看身边优秀的人，可以见贤思齐。可是，现在的我觉得，**真正有意义的比较是拿自己和自己比，拿今天的我和昨天的我比**。如果每一个今天的自己都能比昨天的自己进步一点点，那么长久下来，我就已经从原点迈出去很多步了。这就好比爱情一样——真正美好的爱情并不仅仅是"我爱你，你爱我"的那些甜言蜜语，而是你打心眼里愿意为对方变成一个更好的你。**那种改变，不是机械地将自己变成对方喜欢的样子，而是在不改变自己本真的基础上，升级为更好的你自己，升级成你自己的2.0版本**。爱情如此，人生也是如此。

杨绛先生曾经说，人生最曼妙的风景，是内心的淡定与从容。现在的我才稍微有些明白这句话的道理了。其实，**人生根本没什么好比的，因为它本身就不是一场你和他人的竞争，而是一次只属于自己一个人的旅程**。从来没有人规定几岁的时候应该做什么，或人生应该按照怎样的步调去行走。世上也根本没有所谓"正确的生活方式"，别人的生活方式看上去就算再甜蜜，也不一定就会适合你。只有你自己喜欢的或适合你的方式，才是正确的生活方式。

因此，现在的我慢慢学会忘记主动或被动地与他人攀比，把更多的精力放在自己身上，找寻自己的爱好，尊重自己选择的生活，并看看自己如何能进一步完善和拓展自己。我相信，只要我选择适合我的人生道路，并一直不停步地走下去，那么早晚有一天会看到终点的。这一路上，我会不停地提醒自己：这不是两个人的竞赛，这只是我一个人的人生。

关于包容

过去的这些年里，我经历的另一个重大成长就是更加懂得包容与自己不同的人和事。记得在研究生时期，我上过一堂名为人类多元化的课，老师把全人类按照不同方法进行分类，比如国籍、种族、性别、年龄、宗教、经济收入、健康状况、外貌、性取向等。她说，无论你是谁、在哪里、做什么工作，总会有形无形地受到不同程度的歧视。比如，年轻人可能会不尊敬老年人，身材好的可能会在胖子面前炫耀，有钱人可能会看不起穷苦人，异性恋可能会歧视同性恋等等。即便一些人可能会觉得自己从未歧视过别人，但因为社会主流舆论的导向，或人们根深蒂固的"想当然"观念，很多人可能会对自己潜意识里的歧视观念毫不自知。

当时这门课在很大程度上拓宽了我的眼界，并让我对自己及身边的世界有了更全面的了解。刚来美国时，总听人们说黑人懒惰且脾气暴躁，犹太人精明且唯利是图，墨西哥人懒惰而且总得靠打零工来维持生计。也就是说，你会因为某个人的种族背景而

第六章

给他贴上一个标签,这就是人们常说的对某个种族人群的刻板印象。正是由于这些刻板印象,起初的我并不能用客观且包容的心态去看待他人。后来在美国生活工作久了,才渐渐发现很多刻板印象其实并不符合实际情况。

感谢我的工作,它让我有机会近距离接触到各式各样的人。其中一个客户,至今回忆起来都印象极深。他是一个患有轻度抑郁症的十七岁黑人男孩,是我接过的第一个黑人客户。说实话,由于一些媒体的描绘,每每想到要和黑人在一起工作,我就总会不由自主地为自己的安全担心。第一个疗程时,我有生以来第一次独自一人开车进到黑人社区,真的非常紧张。那个社区相当萧索,远远看过去就能看到很多黑人站在路旁聊天打牌。我把车停在客户家门口,向外张望了很久,确保近距离的范围内没人以后,才小心翼翼地下了车。

下车后,我快速奔到客户家的门廊,赶快按响了门铃。男孩开门了,这是我第一次见到他。他比我想象中的样子高大许多,身材非常魁梧壮实,肤色好像也比其他非洲裔美国人要黝黑许多。我向他简单地介绍了自己,他便冷冷地和我说,进来吧。

屋里的客厅漆黑一片,尽管外面是大白天,但家里所有的窗帘都是闭合的状态,厚实的窗帘挡得一丝光都进不来。客厅里凌乱极了,报纸杂志便当盒饭散落一地,而且屋里还有一阵怪异的味道。我前脚刚进屋,正想问他为什么不开灯,没想到他一关门,顺手把门反锁上了。当时我心里咯噔一下，脑子里闪过的第一个念头就是他为什么要锁门，万一他做出什么伤害我的事情，我该怎么往外跑。我当时都不知道自己为什么会有这些念头。总之，我站在客厅中央一动不动，不自主地感到害怕，一时之间变得手足无措。

可是，男孩却一副习以为常的表情，锁了门后绕过我，直接一屁股坐回了沙发上。我还没开口说话，他却直接问我，你多大了？因为我不能把年龄随便透露给客户，便问他为什么要问这个问题。思考了许久后，男孩缓缓地说，"将来等我长到你这么大时，就想拍一部电影。"我赶紧追问他想拍什么电影。谁料，他却面无表情地说，成人色情片。

说实话，当时我真的被吓到了，因为那是我刚开始工作时接的案子，当时的我经验还很浅，根本不知道该如何应对这样出乎意料的答案，于是尴尬了好几秒钟。一个有丰富经验的心理咨询师，一定会沉着冷静地顺着他的回答问下去，但是资历尚浅的我当时的想法却是：天啊，他到底想干什么？万一他抢劫我怎么办？万一他侵犯我怎么办？……我脑海中迅速闪现出很多可怕的画面，之后便开始光速考虑自己该如何脱身。

正在我呆住的时候，他突然站起身，说要去上厕所。趁他上厕所的时候，我开始趁机观察屋内环境，比如窗户是否可以打开，厨房里是否有通往后院的门，以防万一。同时，我赶快从包里拿

第六章

出一根削尖的铅笔,拿在手中假装记笔记。我在想,一旦发生什么事的话,我可以拿这个铅笔反抗一下。男孩待在厕所里很久不出来,我开始担心他会不会一会儿直接衣冠不整地冲出来……正在我忐忑不安的时候,突然有人按响了门铃。我当下的第一反应是,男孩会不会找来了同伙?!没想到,开门一看,原来是一个大概才六七岁的小男孩,是隔壁邻居,来找大男孩玩的。我这才顿时觉得自己实在是太多虑了。

诚实地说,正是因为我在潜意识里会自动把黑人和暴力及危险联系在一起,所以当时才会如此焦虑和害怕。这,就是刻板印象。现在回想起来,我真的对当初自己的想法感到非常惭愧,并为此真心向他道歉。实际上,那个案子进行了三个月之久,除了第一次尴尬的经历外,我每次都和这个男孩相处得很愉快。他其实和其他孩子一样,只是一个普通的十七岁男孩而已。后来,我又陆续接了很多黑人家庭的案子,没有一家是符合人们印象中对他们的刻板看法的。

实际上,我发现很多黑人家庭的父母都非常重视教育。他们希望自己的孩子可以远离暴力和毒品,争取通过教育改变自己的命运,将来好去找一份体面的工作。黑人非常重视家庭,尤其是家中的长者,最被全家敬重,在很多家庭观方面其实和中国人很相像。记忆最深的一个案子,是一个被曾祖母带大的十六岁女孩。自从曾祖母去世后,女孩就患上了抑郁症。和她工作的那段时间里，我陪这家人一起度过了曾祖母的生日、忌日和圣诞节，见到了家人为了纪念曾祖母而举行的各种仪式。平日就算没什么特殊的节日，祖母、妈妈和女孩也都会一直身穿印有曾祖母名字的衣服，对其敬重和爱戴之情，可见一斑。

因为经历过，所以现在的我变得更为包容。我认识到，不能仅凭一个人的国籍、种族、性别、年龄、宗教、经济收入或性取向等指数去评断这个人的好坏。在任何群体中——无论你如何划分这个群体——都会有各种各样的人。一个受过高等教育的大学老师同样可以是一个衣冠禽兽，一个一辈子没读过书的山村老农，同样可以拥有天底下最善良的心和大智慧。因此，永远不要仅凭一个人的外在条件或三言两语就去轻易判定他的为人，也不要通过第三方渠道得到的琐碎信息就对他人下结论。这样得出的结论既对他人不公平，又会略显草率和武断。

现在的我渐渐学会不去给别人贴标签，也不去轻易相信别人给他人贴的标签。我不会轻易相信"人们说"的言论；相反，我会把每个人以一个独立的个体去看待，亲自去了解他是谁、经历过什么、做过什么事、说过什么话。更重要的是，我尝试不去轻易评价别人的生活，因为每当我连自己的生活都还没有琢磨清楚，就去花时间八卦他人的生活时，我就会觉得自己非常幼稚可笑。

我渐渐懂得，每个人都有选择不同生活方式的权利。除了他们自己以外，没有谁有资格去评断或指导他人的生活方式。**不要**

第六章

觉得与自己不同的东西就是错误的。不，它不是错误的，它只是和你不同而已。整体上来说，美国社会对于不同文化不同人群的包容性其实相当高，对彼此的尊重也是不言而喻的。你如果因为对方的肤色、种族、性别、性取向等而不尊重对方，很可能会惹上大麻烦。我相信种族歧视现象在美国还没有彻底灭绝，但在这里生活了这么久，对我个人或中国文化有歧视的现象到目前为止的确还没有碰到过，这也算是一种幸运。希望未来也不要碰到。

另外，借此包容一题，我还想提一点。因为我的工作是治疗患有心理或精神障碍的人，所以我想呼吁大家不要对他们有任何歧视或负面的误解。请明白，**精神健康和身体健康同等重要，既然身体患了病可以大方地去看医生，那么心理或精神如果患了病，也应该如此**。这既不丢人，也没什么好被嘲笑的。和其他人一样，患有精神或心理疾病的人也渴望开心快乐的生活。他们只是因为经历了某些事而使大脑或心理无法正常工作而已，就好比其他人经历了某些事而使身体的某个部位或器官无法正常工作一样。患有心理疾病的人自己也很痛苦，他们同样渴望赶快康复起来。可是，健康人总是试图以猎奇的心态去窥视他人的世界，在立场上俯视他们，在心态上把玩他们，最后给他们贴上"疯子"、"变态"或"神经病"的标签，佯装善意地敬而远之。其实，真正罹患心理疾病的人们，没有一天不在和心魔做着痛苦的斗争。希望更多人可以以尊重、平等和更为包容的态度对待他们。

关于运气

刚来美国的那段日子,我觉得我是全世界最倒霉的人。无论我选什么课,总能碰巧遇到十分严苛的美国教授。无论我坐在哪里,身旁总碰巧坐着看上去很冷漠的美国同学。有时候,就连走在街上,都会倒霉地碰到迎面扑上来的狗追着我咬。总之,我觉得我的运气差极了,好像我根本不用再去尝试什么了,因为无论我做什么都无法改变霉运缠身的事实。于是,那段时间里,"运气"这个词占据着我的整个大脑,我以为想办法转运才是当下的当务之急。可是,等待了很久,幸运女神依然没有眷顾我。

于是,我开始想,世上到底有没有所谓的运气?如果有的话,运气到底是什么?

奋斗了很久之后,现在的我已经不相信什么运气之谈了。这是有原因的。我觉得人类的安全感大多来源于自己对自己、他人和外界的掌控——如果一件事在你的掌控之中,那么你就会觉得特别踏实,心里有底;相反,如果它超出了你的掌控和预测,心里就容易感到慌张和焦虑。

这个时候,人们潜意识里最自然的心理反应就是为自己找寻开脱的借口。于是,"运气"一说应运而生!只要心里默念"嗯,这次是我运气不好"或"这次他是撞了大运才导致我没得到这个机会",那么自己心里立刻会感觉舒服许多。是啊,运气这个东西来无影去无踪，完全是不可控的。既然它不在你的掌控范围内，你也就没什么责任了。既然自己无论如何都没法改变运气这个玄乎的东西，人们自然也不用因此感到自责和内疚了。

所以，消极的人总喜欢将自己和他人的命运全部归咎于运气，觉得自己在命运之神面前十分渺小和无力。每当发生状况时，他们就会把这件事的消极意义无限放大，并进而推断自己在未来很长一段时间内都会如此倒霉。**命运的玄妙就在于，如果你一直认为自己处于受害者的位置，那么事情往往多半会朝你预计的方向继续恶化下去。并不是因为你是魔术师，可以操纵事物的发展，而是因为你的思维决定一切。你如何看待自己，就的确会成为那样一个人。**

相反，积极主动的人很少会在做事情时想到运气这个概念。他们每天只是踏实地做事，即便失败了，也会积极找寻导致失败的原因，并迅速做出改变。就这样，走路，摔倒，研究为什么会摔倒，然后勇敢地站起来继续向前走，重复无数遍。最后的结局，多半是他们一次又一次地做成了他们想做的事。在别人看来，他们是多么幸运啊。可是，你却没有看到他们在摔倒的时候依然挣扎着爬起来重新上路的样子。**他们最后能成功，只是因为他们比别人尝试更多次、坚持得更久而已。次数多了，成功的几率自然就更大。**

这样看来，运气可能是一个跟概率有关的概念吧。实际上，我觉得所谓运气这种纯几率的东西,在每个人的一生中基本是守恒的。如果真有运气,它也不会平白无故地砸在一个每天只是坐等奇迹发生的人身上,它一定会优先选择那些愿意使尽浑身力气跳起来抓住它的人们。**如果只是空手坐等,那么运气永远都不会来;只有你先主动做些什么,它才可能会在不经意间悄然而至。**你如果什么都还没做,那么就算机会和运气砸在你头上,你也还是接不住,不是吗?

人脑每次浮现一个想法时,大脑皮层就会有电讯号产生。消极思维会让大脑的深层边缘系统活动异常,这些激烈的脑反应继而会对你的身体造成相应的影响,比如手掌冰凉、心跳加速、呼吸变浅、肌肉紧张等。相反,积极健康的思维会使大脑深层边缘系统活动相对平静,你的身体便会产生和以上状况相反的反应。这就说明,虽然思维是一种意识层面的存在,但它的确会对你的行为和情绪造成影响,而这些相应的行为和情绪都是外人可以感知得到的。

这就是为什么一个思维消极的人无论走到哪里,都会像一片黑压压的乌云一样,给外界带来一丝压抑的气氛。试想,人们到底会想和快乐阳光的人一起共事,还是和消极悲观的人一起郁闷呢?因此,所谓的"物以类聚,人以群分"的确是真实存在的现象。**你是怎样的人,就会遇到怎样的人;你想要遇到怎样的人,就要先把自己变成那样。**如果觉得自己一直以来都很倒霉,从来不被幸运女神眷顾的话，那可能真的要从自身寻找原因了。

不要再觉得自己渺小无力，每个人都是从渺小无力逐渐变强大的。就好比每个游戏开场的第一幕都是等级一，你只有反复杀怪才能增加经验值，最终才能有实力PK终极老怪。你不可能在经验值极低的情况下去直接对战终极老怪，那样的结果只可能是被对方秒杀。这样简单的道理人们都知道，可在现实生活中，为什么人们却总希望通过做最少的努力来得到最多的回报呢？在游戏里，如果你真的通关了，那真不是因为运气好，只是因为你耐心地一关关打过去了。现实中也是一样：你如果也有这个耐心一天天走过去，最后也一定能实现你的梦想。等梦想真的实现了，不用担心，那也不是因为你运气好，而只是因为你一直以来的奋斗和付出让你变得值得。

所以，不再企盼被幸运女神眷顾，转而相信每一天的踏实付出，这是我在美国奋斗这么久以来最大的成长感悟。每当我全心全意地付出努力时，我就会发现自己果然变得更加幸运了。抓住每个机会，用踏实认真的心态对待每一件事，你过去所做的一切早晚会有被认可的一天。

我的迷惘，是去是留

刚来美国的时候，我对这里的一切都讨厌极了。在这一望无际的"大农村"里充斥着我吃不惯的西餐和看不惯的面孔，每当我因为自己与他人格格不入而感到落寞时,我就坚信自己读完书后一定会拍屁股走人,因为我根本不属于这里。

可是,经过了几年的学习和工作后,我渐渐地习惯了这里的语言和文化,不知不觉地摸索出了适合自己的生活方式,也好像在这里找到了属于自己的位置和归属感。每当结束了其他城市的旅行,返回圣路易斯的时候,远远地看到城市地标大拱门的那一瞬间,心头还是会涌上一股浓浓的亲切感,嘴里会不由自主地说一句:终于回家了。不知不觉中,我已经把这座我奋斗了多年的城市当成了我的第二故乡。后来,我毕了业,结了婚,找到了工作,把家安在了这里,生活也完全走上了正轨。

可是,每当畅想未来的时候,就会有一个问题跳出来向我示威。这个问题就是:在未来,我到底应该留在美国还是回国去?一次和一位留美多年的老华侨聊天,谈到了这个让我十分困惑的问题。他说,不要说像我这样来美国留学的学生,去留问题其实每分每秒都困惑着去往世界各国的一代又一代的移民。

老华侨向我倾诉了他的困惑,他说:"年轻人,你想想,你要是留在美国,你家乡的父母怎么办?未来他们老了以后谁来照顾?你如果把他们一起接来,他们这个年纪的人真的能适应这里的生活吗?语言、文化、朋友圈等处处都会碰壁。你每天忙着工作和照顾小孩,能顾得上照顾他们吗?你们上班时,谁来陪他们聊天谈心呢?要是和他们住一起,能习惯吗?要是不和他们住一

第六章

起,你有足够的资金再为他们买房子吗?这些实际问题都要考虑到啊。"

听完老华侨的一系列发问,我哑口无言。顿了顿,又赶快跟他说我们小两口未来也可以考虑回国生活和工作。老华侨听罢笑了笑,又说:"哪有那么简单……你们要是回国去,打算去到北上广还是回到你家乡的小城市啊?要是北上广,你能承担得起低工资高物价的生活吗?要是小城市,你们能找到一份好工作吗?生活能适应吗?将来有了孩子,小孩的教育问题要怎么解决?生活里其他多方面的因素,你都得综合考虑啊。"

我又哑口无言了。

虽然并不打算轻易听信他人之言,但老华侨尖锐且现实的考量,的确让我意识到了问题的复杂性。正当我的思路被完全打乱时,碰巧在新浪微博上看到一个名为"离开家是为了什么"的在线调查。活动介绍里说,远离渐渐老去的父母,在陌生的城市打拼,你到底是为了什么?梦想,成功,还是活得体面?我突然意识到,作为留学生,我面临的问题是留在这个国家还是回到自己的国家,而国内和我年龄相仿的人们,面临的问题却是留在大城市还是回到小家乡。虽然范围不同,但问题的本质其实是一样的。老华侨提醒我的那些问题,放在这里似乎也同样成立。

那么,我离开家,到底是为了什么呢?为了学到专业领域里最前沿的知识,为了一份我真正热爱的工作,为了更为自由平等的工作和生活环境，为了爱的人，为了赚钱让父母过上更好的生活。可是啊，人们又说，父母不要求你赚大钱，父母只希望和你在一起。这就又回到了论题原点：到底是你回去，还是父母过来。绕来绕去，还是那些纷繁复杂的顾虑和妥协。

渐渐地，我发现这个问题实际上是无解的，至少在现在看来是无解的，因为我根本不知道未来会发生什么。**人的一生本身就是一个成长成熟并不断变化的过程。以前喜欢的东西，慢慢变得不那么重要了，相继被更深层次的追求替代；以前抵触的事情，慢慢变得可以接受了，不但可以接受，有时甚至还会盼望起来；以前不明白甚至鄙夷的道理，慢慢开始懂得了，并会感叹自己怎么早些年没有看透彻。**我相信这样的变化是每个人这辈子都会经历的。因此，既然不知道未来会发生怎样的改变，那么目前对未来的一切迷惘和烦恼也就显得很无所谓了。

现在的我觉得，未来到底是去是留，重要的是要看契机。当那个本该发生的契机按时按点发生之时，相信一切事情就会水到渠成了。船到桥头自然直，车到山前必有路。既然对自己不可控的部分无能为力，那么就要更努力地抓紧目前可控的部分。对于我来说，目前可控的也只有每天的时间而已。**我要把握当下，认真做好目前该做的每一件事。相信等我把每个点都画好时，自然就能在眼前连接出通往未来的路。相信，当未来到来之时，心中自会有答案。**

后记
Afterword

十年

2003年，是我奋斗旅程开启的第一年。那一年，我上大一。经历了高考的失败，茫然无措地来到一个新环境，对自己的未来一无所知，毫无方向。直到认识了郑老师和好友胖咸鱼，人生轨迹从此被改变。这一年，我终于顿悟到，人这辈子只有自己能为自己负责，过去欠下的努力早晚得补回来。只有脚踏实地的付出才能改变命运，而这个改变必须从现在开始。

2004年，奋斗的第二年。那一年，我上大二。艰难地矫正了之前懒散无力的状态，开始学习如何规划生活。渐渐地，我喜欢上了有目标的人生，尤其喜欢那种完成目标之后的成就感和满足感。那一年，我和胖咸鱼结成了强大的学习联盟，平日里不断监督和鼓励着对方。谁会想到，由于如此简单的原因而走到一起的

后记

两个人，会在若干年后的今天，成为彼此生命中不可或缺的角色。那一年，由于老师和朋友们的影响，我在心里种下了出国留学的种子。那个时候，它真的只是一颗种子而已，将来是否能开花结果，我心中全无把握。

2005年，奋斗的第三年。那一年，我上大三。上半年我被选中去北大做交换生，在那里度过了难忘又震撼的半年。这段经历让我真切地意识到自己只是一个井底之蛙，但同时也彻底激发了我的斗志。有句话说得好，最可怕的事不是别人比你优秀，而是本来就比你优秀的人竟然还比你更努力。从北大回来后，我更加深信，对于既不是含着金钥匙出生，又并非天赋异禀的我来说，踏实奋斗是我的唯一出路。要想这辈子不再继续平庸下去，就得从今天起更加努力。

2006年，奋斗的第四年。那一年，我上大四。大学前三年的辛苦付出终于得到了回报，我成功获得了保研名额。实力尚欠火候的我与梦想中的北外擦肩而过，但还是幸运地被北二外录取了。动荡的毕业季，身边的同学不久就四散各地。胖咸鱼搁置了出国的计划，选择毕业后先积攒些工作经验。我突然变成了孤苦伶仃一个人，又一次过上了漫无目的懒散十足的生活。为了给自己找事做，我加入了伊甸园字幕组，激情昂扬地投身到了光影的世界中。我开通了新浪博客，那一写，就是七年之久。当初写下第一篇博文时，无论如何都没有料想到这个博客会长成今天的模样。

这又一次证明，当你完全忘记目的和结果，单纯因为喜欢而去做一件事，并全心享受做事的过程时，那个结果最后总会把自己装扮美丽，优雅地走到你的面前，给你一份大大的惊喜。

2007年，奋斗的第五年。那一年，我终于大学毕业了。回想当年刚入学时，根本无法想象未来的四年要如何度过，可眨眼之间自己就要离去时，心中又有百般不舍。现在回想起来，我最感恩的就是这个校园，如果不是它，我就不可能认识郑老师和胖咸鱼，人生也一定会因此而变样。事实证明，你曾经无比反感憎恨的事，很可能会在若干年后以某种方式成就一个更好的你。这一年，我离开了生活了二十三年的家乡，来到北京读研究生。为了心中的出国梦，我在新环境里又一次过上了苦行僧的生活。虽然每天的生活乏味无聊，但那却是我实践梦想的真实写照。曾经的我已经为急功近利心浮气躁的态度吃够了苦头，我真的害怕自己会重蹈覆辙。

2008年，奋斗的第六年。那一年，我上研二。出国申请的路一直都在艰辛地走着，考了这辈子再也不想碰的考试，写了这辈子再也不想读的文书。无数次修改，无数次满意，又无数次推翻重来。无数次在深夜疲惫地回到宿舍，躺在床上忐忑地问自己，万一辛苦过后什么都得不到，我的退路是什么？当我发现根本没有退路的时候，又第N次在第二天大清早挣扎着起来去上自习。事实证明，做一件事时不能过多考虑后果，只能在做好规划后勇敢

后记

地冲出去,告诉自己不到终点绝不回头。后来,我终于走到了终点,如愿以偿地收到了企盼已久的录取通知书。那一刻,一切的一切都值了。

2009年,奋斗的第七年。那一年,我终于实现了梦寐以求的出国梦,来到了美国读研究生。在这里,我之前对它的所有幻想、猜测、白日梦以及先入为主的教育观,都被不同程度地颠覆了。我的生活状态、做事习惯、沟通方式,甚至是之前因为成功而略显骄傲的心态,都被彻底改变,完全清零,一切从头来过。我开始艰难地迈出在新环境里的第一步,慢慢学着如何依靠自己去解决一切困难。这一年,可能是过去七年中最艰辛的一年,但却是我成长最快的一年。我摔了很多跟头,并在一路的跌跌撞撞中逐渐强大起来。

很久前在微博上看到过一句话,大意是说,出国最大的收获根本不在于语言或学业,而是那种无论把你放在哪里都可以独立生存的能力,以及阅尽人世后更宽容更谦逊的人生态度。这也是我个人的最大体会。这种能力是无法在温暖的被窝中练就的,必须把你独自一人扔到陌生的环境中才能得到历练。事实又一次证明,韧性好的弹簧只有在被挤压到没有余地的时候,才能弹跳得最高。

2010年,奋斗的第八年,来美国的第二年。那一年,我读研二。整日在教室、图书馆、实习单位和宿舍之间来回穿梭,无限循环地过着一天又一天。那年的年末,我正式毕业了,辛苦付出了无数个日夜后，终于拿到了学位证书。那一刻，其实远不如自己之前想的那么激动，毕业的兴奋感也只持续了几天而已，继而便被对未来的忧虑取代。毕业并不代表奋斗的结束，它反而连接着另一段人生旅程的起点。

2011年，奋斗的第九年，来美国的第三年。利用毕业后的空闲时间，我写了人生中的第一本书，这是我以前想都没有想过的机遇。那一年，我终于成功地找到了人生中的第一份全职工作，正式成为美国挂牌的临床心理咨询师。初次拿到机构为我制作的名片时，一切都像做梦般不真实。那种终于可以独立养活自己的感觉，实在太好了！

2012年，开启了奋斗的第十年。那一年，我在美国工作已经整一年了。起初工作的感觉差极了，多年重建起来的自信心体系被打击得支离破碎。我开始努力找回之前平和的奋斗状态，耐心地从每日的一点一滴中重新积累。我认真地对待着手头的每个案子，并努力从中找寻出自己的擅长之处并把它发扬光大。渐渐地，很多关键的临床能力在不知不觉中被一点点培养了起来。长久的奋斗让我懂得了一个道理：如果你想做什么事，就去做，从现在开始。对于实现梦想来说，重要的是"做"，而不是"想做"。那一年，胖咸鱼结束了在国内近五年的工作，顺利申请到美国读研究生。虽然我们不在一个城市，但我们离彼此更近了。

2013年9月，我的奋斗旅程走完了整十个年头。十年在漫长

后记

的人生中，并不是一段特别长的日子，但你若站在一点向外望去时，又会觉得十年根本就是一段望不到边际的岁月。写下这段后记时，我以为回忆十年中的岁月会很困难，一些细节一定会变得模糊不清，但动笔时才发现十年中的每个瞬间都如此历历在目。

十年前，不到二十岁的我整天只懂得在自习室里背单词、做习题和分析试卷，生活枯燥乏味，根本看不到未来。那个时候，总是喜欢坐在自习室最后一排的我和胖咸鱼，总会在实在坚持不下去并想要放弃的时候，拿出一套"白日梦"的理论为彼此打气。每当此时，我们就会和对方进行以下这样无厘头的对话：

胖咸鱼：你说咱俩将来到底能出国不？

考拉小巫：哎，我也不知道……但是不管能不能出，咱们也得咬牙坚持下去啊，要不然人都"死"在半路上了，还咋知道大结局啊？

胖咸鱼：如果未来真的能一起出国，那该有多酷啊！现在我一闭眼幻想到那个画面，就激动得不行了！

考拉小巫：是啊，我也能想象到那个画面……我仿佛看到咱们在纽约时代广场相聚，虽然想伴装镇定，但心里早就激动爆了。如果真有那么一天，咱们一定会兴奋地拥抱在一起尖叫的！

胖咸鱼：哈哈，你这么一说，我顿时觉得动力十足了！

考拉小巫：我也是！哎，咱们还是继续背单词吧，要是连今天的任务都完不成，就算嘴皮儿说破了，国也是出不了的！

无厘头的对话结束后,我们又从白日梦的王国回到了现实中,继续着眼下枯燥乏味的学习。那个时候,类似的对话几乎每天都在上演。出国这个"白日梦"一做就是十年,一直支撑着我们走到了今天。

十年后,我和胖咸鱼真的在美国相见了。那是2013年的冬天,我从圣路易斯开车去芝加哥找她过中国年。芝加哥的冬天冷极了,寒风像刀刃般刮在脸上生疼,可站在密歇根湖畔的我俩却感到热血沸腾。看着芝加哥市中心灯火通明的夜景,我俩进行了以下这段对话:

考拉小巫:你敢相信此时此刻咱俩在美国吗?

胖咸鱼:完全不敢相信……

考拉小巫:你敢相信我们竟然同时在这里一起庆祝中国年吗?

胖咸鱼:完全不敢相信……

考拉小巫:十年前,用来鼓励咱们坚持不放弃的那套白日梦的说辞,今天竟然成真了……

胖咸鱼:是啊,竟然成真了……距离当初,竟然已经十年了,真是令人难以置信。以前特别想知道未来会发生什么,没想到以前渴望的未来就是现在了。咱们应该各自好好写篇文章,回顾一下自己的十年。

考拉小巫:真是心有灵犀啊,我连文章的名字都想好了,就叫《十年》。

后记

于是，便有了这篇文章。

过去的十年，我走得很艰辛，但却从不后悔。兰迪教授曾经说过，在追寻理想的道路上，我们一定会撞上很多墙，但这些墙不是为了阻挡我们，它们只是为了阻挡那些没有那么渴望理想的人们。这些墙是为了给我们一个机会，去证明我们究竟有多想得到那些东西。我曾经也撞上过很多墙，并因为这一堵又一堵障碍物而倍感受挫，但是我每翻越过一面墙，自己就会变得更强大一些。如果给我重来一次的机会，我一定会选择一模一样的生活方式，因为如果没有这些墙，如果没有这些翻越高墙的经历，就不会有我的现在。

过去十年里，我上了学、毕了业、结了婚、工了作。未来的十年，又会发生什么事呢？2024年的我，又会在哪里，在做什么？

2024年的我，就要快四十岁了，现在想来，这是一个完全不敢想象的年纪。希望那个时候的我，依然可以如此幸福地爱着，依然可以和好友们像今天这般亲密无间。希望那个时候的我，已经实现了开个人心理咨询室的职业梦想，并依然保持着用文字记录生活的好习惯。希望那个时候的我，能更加自由地往返于中美两国之间，用更多的时间陪伴家人。希望那个时候的我，不要总是在照镜子时担心脸上的皱纹，希望我可以像我的妈妈那样做一个有自信有气质的女人。希望那个时候的我，已经有能力带着家人四处旅行，让"环游世界"四个字不再只是空谈……

想着这些美好的白日梦，就觉得对未来充满了无限的期待和憧憬。活在这个世界上真的很幸福，有那么多事可以做，那么多梦想可以去实现，那么多平凡的幸福等着我去慢慢享受。能够生活在这个伟大的时代，做我妈妈爸爸的女儿，做我老公的妻子，并拥有这样一群死党，我真的觉得无比幸福、满足和感恩。

为此，感谢过去的十年，憧憬未来的十年。

祈愿我和无数个你们，都一直永不停步地前行在人生宽广的大路上……

附录
Appendix

问与答

根据之前我在新浪微博(@考拉小巫)上进行的调查结果,现选出提问频率较高的问题作答。所有答案都是我的个人观点,请大家根据个人情况斟酌取舍,有批判地接受。

1. 为什么要出国?是否应该出国?应该在国内读研还是在国外读研?国内要是有稳定工作,是否还应该出国?从投入和产出比上看,出国留学是否值得?

答:这些问题的本质是相似的,所以我把它们归类起来统一回答。我觉得这些问题的主观性极强,别人是没法给你一个明确的答案的,因为每个人的追求都不一样。**要想找到答案,你必须得弄清楚你的人生终极追求是什么,什么对你是最重要的。**

如果你渴望拓宽视野、丰富阅历或学习专业领域中最先进的知识和技术，那么出国一定会在很大程度上帮助你达到这个目标。但如果家人才是你生命中最重要的，那可能就要谨慎考量一下，因为出国就意味着要在一段时间内与家人分离。所以，一定要根据自身情况和喜好综合考虑做出决定，别人的经历只能用来参考，主要还是看你要的是什么。值得与否，也只有你一个人才能做判断。

2. 出国留学的申请流程是什么？工作之后要是还想出国，是否还有机会？

答：无论你是应届生、转校生或者已经工作，出国留学的申请流程都是相似的。具体步骤如下：

◎ 确定你想申请的专业及学校；

◎ 查看目标学校对该专业的录取要求；

◎ 复习出国考试（GRE、托福、雅思等），并考取合格分数；

◎ 准备申请材料（包括个人陈述、简历、推荐信、成绩单等）；

◎ 提交申请材料并等待录取结果；

◎ 准备资产证明（部分学校可能会要求将资产证明与其他申请资料同时提交，其他学校会在发放录取通知书时才要求提交资产证明）；

◎ 收到录取通知后，开始准备签证；

◎ 面签；

◎ 签证通过后，开始订机票，准备行李，并和亲友道别。

这只是一个较为笼统的出国留学申请流程表，不同的人需要根据自身情况进行相应调整。

对于在职申请出国的人来说，流程是相似的，也一定有机会被成功录取，只不过过程可能更为辛苦一些。我身边的朋友曾经有人选择白天工作，晚上和周末复习考试或准备申请材料，也有人选择辞职全脱产准备申请，两种情况中都有人成功过。具体该如何安排时间，还要取决于你的工作情况和学习习惯等。

3. 准备出国留学申请材料时，是应该自己DIY还是去找中介？

答：因人而异。如果你对个人英文能力有信心，且准备时间较为充裕的话，百分之百鼓励大家自己制作所有的申请材料，因为最了解你的人是你自己，自己创作出来的文书最有说服力，更何况这是一个诚信问题。如果你对自己的英文能力不够自信，且没有足够的准备时间的话，那么也可以考虑中介。但是，市面上的中介质量良莠不齐，年年都有人被骗。因此，我建议大家一定要对多家中介进行对比，多向有经验的人打听，切忌相信中介的广告语或一面之词，谨防上当受骗。

4. 如果已确定要出国，我该选择什么专业？如何找到个人的兴趣所在？

答：很多人在选专业时会首选未来赚钱多或好就业的专业，这是完全可以理解的。但是，我认为个人兴趣才是在选专业时最该被优先考虑的因素。只有你真心喜欢一件事时，你才会在当下感到由衷的快乐。无论它多难多苦，你才能有足够的热情去克服它并坚持下去。因此，如果是我，在选专业时我一定会优先考虑个人兴趣，之后再结合专业前景、未来薪酬等因素。我真的相信，只要你真心喜欢一件事，就有很大几率可以把它做出色。**只要你能把一件事做到无比出色，机遇或薪酬等都会随之而来。**

那么，该如何找到个人兴趣呢？首先，读万卷书。广泛阅读各类书籍、报刊、杂志、网络文章等，通过阅读去了解不同的职业，看看是否有什么事会让你感到好奇或有兴趣。之后，就是行万里路，也就是实践。多通过志愿者、兼职甚至和别人聊天的方式，去了解那个使你感到好奇的领域，通过实践看看它是否真的能够激发你的兴趣。其实，只要想找寻个人兴趣，总会有成千上万种方法。每天待在房间里空想，是永远也不会找到答案的。

在这个过程中，尽量不要给自己设置界限，或把自己框在别人给你下的定义中。实际上，你的父母或男（女）朋友喜欢什么，并不是最重要的。最重要的是你自己喜欢什么，因为一旦做出选择后，它会决定你的人生轨迹，而最终走完人生全程的人是你自己,而不是别人。你的人生不是他人的续集,选择自己真心喜欢的、忠于自己内心的事情才最重要。

我从美国人身上学到的最重要的一点,就是他们做事时的热情和态度。很多美国人都会选择自己的兴趣作为工作,然后在这个领域中不断学习。他们这么做不仅仅是为了公司,不仅仅是为了完成任务,更重要的是因为他们热爱它。因为热爱,而想去投入更多的精力和时间,不断探索,不断创新,最后取得优秀的成绩。我觉得这是一种非常让人敬佩的工作态度,值得我们学习。

5. 英语专业的学生在出国申请时该如何转专业?出国申请时若是要转专业,该怎么操作?有什么注意事项?

答:英语专业的学生其实有很多专业可以转,比如新闻、传媒、旅游管理、社会工作、对外汉语、经济、金融、市场营销等,主要看你的个人兴趣。在转专业申请时,最重要的一点就是一定要在个人陈述中,尽量详述你转专业的原因,新专业为什么吸引你,你在新专业的领域中有何教育或工作背景(包括兼职或志愿者),以及未来你打算如何规划在新专业里的学习和工作。在新专业领域里的任何实习或工作经验,都会在很大程度上帮助你的申请,这点一定要牢记。

6. 出国留学的费用（包括学费和生活费）大概是多少？

答：这个问题主要取决于你申请的学校、专业、学制以及该市的生活标准。美国大学在学费方面是按学分来计算的：你的专业要求修多少学分，那你就要交多少学费。通常情况下，私立大学的学费要远远高于公立大学和社区大学。总的来说，在全美综合排名比较靠前的学校，一学分大概是1000到2000美元左右，一年的学费（取决于此学年你总共修几学分的课程）大概在三万到七万美元的范围。但是，公立大学和社区大学的学费就便宜多了，在社区大学全年的学费可能总共才几千美元左右。另外，很多硕士项目和几乎所有博士项目都会为学生提供奖学金，而且因为博士生需要做科研和代课，所以在免学费的同时，学校还会为你支付工资。

生活费方面也是因地而异和因人而异的。对于留学生来说，在美国的生活费一般只包括租房、吃饭、车（汽油费、维修费、保险费、注册费、更新执照费、可能的罚单等等）和购物社交几大块。美国中部大多数州的生活成本比较低，单人一个月的生活费大概在700到1200美元之间（与他人合租的情况下）。东西两岸和其他一些一线城市的生活成本比较高，生活费可能会在1200到3000美元之间。其实，由于美元极强的购买力，如果生活并不是非常奢侈的话，一个留学生一个月有1200美元（东西两岸会稍高一些）就可以过上非常舒适的生活了。

7. 如何可以申请到奖学金？国外大学奖学金的发放机制是怎样的？

答：关于奖学金的申请，很多人都有一个误区，认为留学考试分数高或本科学校牛就可以拿到奖学金。实际上，国外大学的招生委员会在发放奖学金时，考虑的是申请人的综合实力，也就是说你申请材料中的每个环节都会在申请奖学金时占有一定权重。招生委员会对奖学金的发放也是有一定配额的，即百分之几给本国学生，百分之几给国际学生。国际学生拥有的配额也会公平地分布在不同国家的学生之间。可是，这些配额的分配方式是你我无法控制的，我们能控制的只有自身的实力。因此，要想成功申请到奖学金，必须尽量把申请过程中的每个环节都做到最好，争取提高自己的综合实力。这个问题我在《考拉小巫的英语学习日记》一书中做过十分详细的阐述，请参考该书第190页"关于奖学金的申请"一节，这里就不再赘述了。

8. 申请成功后，在出国之前应该做好哪些准备？

答：物质方面主要就是打包行李，认真考虑一下什么该带什么不该带。很多出国留学论坛对于"行前准备"这个话题都有十分详尽的资料供大家参考，这里就不做详细论述了。

我主要想说说心理方面的准备。很多同学在出国之前非常期待，把留学生活幻想得十分美好，但来了以后才发现事情根本不是那么一回事，因此心理落差巨大，患上心理疾病的人比比皆是。所以，我想给大家打一剂预防针。出国之前所做的所有申请和准备工作，只是整个过程中相对来说较为轻松的环节，真正的辛苦和困难是从出国后的第一天开始的。因此，一定要在心里做好吃苦的准备。但是，**只要你能坚持住挺过来，你会发现留学的这几年很可能是你人生中最宝贵的几年，所以一定要好好珍惜，尽量用体验的心态和成长的角度去看待未来即将经历的一切。**

语言方面的准备，大家可以适度在业余时间增补一下口语和听力能力。多看看美剧和电影，尤其可以选择以校园主题为素材的片子，提前熟悉一下国外的校园文化及外国人说话的语速。真实的外国人在说话时，是和托福、雅思听力里的内容有很大差距的。

在我看来，最重要的准备就是和亲友道别，以及疯狂体验国内的各种美食。出国以后，就再也没有这些了。多吃吃，多玩玩，趁还能陪伴的时候多陪伴一下家人。当然了，如果你自己、你的孩子、你的学生或身边有人要出国，送他一本《考拉小巫的留学成长日记》也是一个很明智的选择！

9. 刚来到国外后，该如何适应当地的生活？如何融入当地人的圈子？

答：关于我个人的经历，请参考本书第三章中《静下心来，活在当下》一节和《再谈语言关》一节,以及第六章中《关于适应》一节。

此外,国外非常流行一种叫互助小组(support group)的活动,即一群有相同经历的人定期聚集在一起,彼此分享经验、倾诉情感和共议解决方式。你可以去参加当地的留学生互助小组,因为参加这样活动的人一般都面临着共同的难题(比如说该如何适应异国文化),这样极具共鸣的讨论对当事人通常都会非常有帮助。因为这些活动都是自发的,所以基本都是免费的,推荐大家可以尝试一下。

另外,有很多位于美国的中国机构是专门为新留学生提供服务的,比如穿越教育(Transbonding Education)就是非常著名的一家。他们为新留学生提供包括落地安顿、电话应急、口语培训、职业规划等在内的一条龙服务。诸如"留美浸泡营"等项目还可以指导留学生在语言、学业和文化等方面为留学生活做准备,并有效适应美国大学的教育模式、校园生活和社会环境。所以,如果有兴趣或需求,可以多多上网进行调研,找一个类似的适合你自己的项目,相信一定会有所帮助。

最后,几乎所有国外大学都设有心理咨询中心,专业的心理咨询师和心理医生会为全校的师生提供长期免费的心理咨询服务。因此,如果你发现自己实在无法适应异国的生活,甚至在这个过程中产生了十分消极的情绪和行为,请一定主动寻求专业帮助。

千万不要觉得这么做很丢人，也不要把自己锁在房间里消极应对，那样只会让事情变得更糟。要相信，只要积极解决，一切问题都是可以被克服的。

10. 在国外上学和生活有何注意事项？

答：

◎ 做作业时千万不要抄袭。抄袭在国外是一件十分严肃的事，一经发现，后果真的非常严重。有的老师可能会勉强再给你一次机会，但有的老师真的是挂你没商量。

◎ 上课时尽量不要保持沉默，心中有任何疑问都可以随时当堂提出。**没有任何问题是愚蠢的，只有不懂装懂才最愚蠢。**同样的道理也适用于在国外工作的人们。

◎ 和他人交谈时，如果有些内容听不懂，一定要大胆、诚实地告诉对方。很多外国人和国际学生说话时语速依然很快，是因为他们没有意识到对方听不懂。通常情况下，只要你告诉他们，他们都会非常乐意地放慢语速，并向你解释他们的意思。千万不要害怕丢脸。留学本身就是一件把脸一点点丢掉、再一点点捡回来的过程！

◎ 要时刻记住，虽然你才刚刚出国，但你其实马上就要毕业了。时间过得就是这么快！不要觉得自己还年轻，有大把的青春可以浪费。**时间的价值完全在于你如何去利用它：全神贯注，一**

个小时可以有惊人的效率；漫无目标，一个小时也可以飞速被荒废掉。我们的时间就是一个小时一个小时这么过去的，人和人之间的差距也是这样一点点拉开的。

◎ 最好从入学第一天就开始考虑毕业后的规划，到底打算留下来还是回国去，这个问题越早想清楚越好。有清晰目标的人，就开始朝着目标去吧；没目标的人，要尽量多实践多读书，争取早日找到自己的目标。

◎ 所谓的"过来人的经验"，其实内容都差不多，问几句就行了，路还是要靠自己走的。

11. 是否可以介绍一下美国的交通方式？如何在美国买车？

答：美国最主要的交通方式就是开车。除了在纽约、洛杉矶、芝加哥等一线城市外，多数城市的公共交通系统并不非常发达，可能在市中心附近才会有公车地铁一类的，大多数地方只有开车才能到达。所以，根据自身需求，如果计划在美国上学或长期生活，推荐大家尽早准备买车，不但可以使生活更加便捷，也可以早些拿上驾照，因为驾照在美国是最重要的证件，没有之一。

关于买车，如果打算购买新车，在品牌旗舰店就可直接购买。如果打算买二手车，既可以去二手车网站或Craigslist上搜索，也可以关注本校的学生论坛。尤其在毕业季时，很多学生都会出售二手车，价格都是可以商量的，有时会碰到很不错的选择。基于它的品牌和质量,美国的二手车价格一般在1500到10000美元左右。购买前一定要找有经验的人去试车,并进行详细的车检。各种国内的留学论坛上都可以找到十分详尽的有关购买二手车的经验帖,推荐大家阅读。

12. 如何在国外找男(女)朋友?

答:随缘。

13. 我申请到的学校不算是名校,未来想留在国外找工作还有希望吗?

答:绝对有希望。招聘的时候,国外的用人单位多数看重的是你的专业能力,而不是毕业院校的名字。他们不会因为你毕业于哈佛,就觉得你高人一等;也不会因为你毕业的学校没名气,就对你少一分尊重。在国外,名校不代表一切,最重要的还是个人实力。只要肯努力,大家都有平等的机会。也许,你的学校正在等着你把她变成名校。

14. 在国外如何找实习/工作?有什么建议?

答:关于我在国外找实习和找工作的经历,请详见本书的第三、四章。

这里,我想补充一点。永远都不要轻视你人生中的任何一份工作，无论这份工作多么辛苦、多么初级、多么不起眼，因为无论做什么，只要你用心，都能从中学到很多东西。你在认真工作的时候，老板都是看在眼里的。如果你是一个值得欣赏的人，早晚会有伯乐来点拨你，你早晚会等到你一直在等的那个机会。很多人都在抱怨自己倒霉、机遇不好、没人欣赏、竞争激烈等等，但说到底，其实还是自己的实力不够。

优秀不是一天炼成的，必须得通过无数天的持续付出和漫长的倒下、爬起来、再倒下、再爬起来的过程。不要抱怨这个过程，因为这个过程和从这个过程中学到的所有东西，才是你迈向日后成功的阶梯。 不要奢望可以一夜成功，而要相信自己每一天的踏实努力，只有你自己创造出来的东西才是别人永远无法剥夺的。因此，无论你遇到了什么实习或工作的机遇，抓住它，珍惜它，认真踏实地付出百分之百的努力。只有当你用极其认真的态度对待每一件事时，你才可能离成功更近一步。**习惯在小事上凑合将就的人，无论如何都不可能"到时候"再认真起来。**

15. 我想做xxxx事，但不知道如何去做，是否能给我一些建议？

答：我的建议是，想做什么就去做（只要合理合法），把目标"肢解"了以后一项一项去攻克（具体内容详见第三章的小贴士《制订计划与执行计划之升级版》）。很多时候，其实人们自己完全知道要做什么、该做什么，所谓对未来的恐惧/茫然/无助，往往只是个人懒惰的借口而已。如果每天只是把时间浪费在无谓的担心上，那么你的生活只会一成不变。

很多人都在问到底该如何做出改变。我觉得，也许人的脑瓜可以在一秒钟瞬间开窍，但一个人生活中的改变是不可能在瞬间发生的。它真的是一个只能通过量变和积累才能慢慢发生的事情。**相对于结果，我觉得改变更像是一个漫长的过程。你什么时候不重视起每一天的小付出，什么时候都不会看到改变。**